/惺予故里
/历代先贤
/胜景名迹
/红色纪事
/问俗采风
/地方特产
/地名传说
/岁月如歌
/当代才俊

SHIZIJIEDAORENWEN

狮子街道人文

《狮子街道人文》编纂委员会◎编

方志出版社
Publishing House of Local Records

图书在版编目（CIP）数据

狮子街道人文 /《狮子街道人文》编纂委员会编 . 北京 : 方志出版社 , 2025. 2. -- ISBN 978-7-5144-6409-2

I.K295.65

中国国家版本馆 CIP 数据核字第 2024C03B07 号

责任编辑：李志瑜
责任校对：张玉霞
责任印制：梅中英
出 版 者：方志出版社
地　　址：北京市朝阳区潘家园东里 9 号（国家方志馆 4 层）
邮　　编：100021
网　　址：http://www.zgfzcb.cn
发　　行：方志出版社图书营销中心（010-67110500）
印　　刷：凯德印刷（天津）有限公司
开　　本：787 毫米 ×1092 毫米　1/16
印　　张：14.5
字　　数：236 千字
版　　次：2025 年 2 月第 1 版
印　　次：2025 年 2 月第 1 次印刷
定　　价：88.00 元

序

狮子街道，风景俊秀，俊彦辈出，人文荟萃，文化底蕴深厚，文化气息浓郁。

欣逢盛世，追溯历史，承先贤之美德，启后世之楷模，建设文化高地，打造精神家园。这是时代赋予我们的一项光荣而神圣的任务，是狮子人民文化自信、文化自觉的一种表现，也是推动狮子街道发展最基本、最深沉、最持久的力量。

狮子街道不仅历史悠久、文化辉煌，在为人民谋幸福、为民族谋复兴的道路上，有一批狮子籍仁人志士，为祖国的富强、民族的解放奔走呼号；更有一大批优秀的狮子儿女，在风雨如磐的岁月，英勇奋斗，不畏牺牲，抛头颅洒热血，牺牲在狮子大地上，用他们的生命谱写了伟大的建党精神。在新的时代，有一大批各界精英，他们走在时代的最前列，用智慧、勤劳和责任，用家国情怀，在政治、军事、经济、科技、文化各个领域破浪前行。他们以品德标榜励世，以志行砥砺后人，以功业激人奋进，他们是狮子街道最积极、最先进的力量，厚德流光，垂范乡里，可歌可颂。

“资政、存史、教化”是地方文史的重要作用，也是《狮子街道人文》的编纂理念，如何有效保护、传承和利用狮子丰富的人文资源，弘扬狮子文化，讲好狮子故事，是我们的工作之一。为此，狮子街道党工委、办事处认真学习贯彻习近平总书记关于发掘长江文化、赓续历史文脉、坚定文化自信等系列重要讲话精神，为了更好地举旗帜、聚民心、育新人、兴文化、展形象，进一步坚定文化自信、担当使命、奋发有为，把狮子人文的发掘作为区域文化建设的重要抓手，塑造灵魂、培养特色、涵养精神，为狮子街道高质量发展凝聚精神力量。

《狮子街道人文》融思想性、历史性、文学性于一体，探赜索隐，赞前贤，颂盛世，彰往考来。基本呈现了狮子街道的山川风貌，发掘了狮子街道的历史记忆，洞悉了狮子街道的文明流变，归纳了狮子街道的时代精神。读者从中可以感知狮子大地上的世事沧桑、历史变迁、发展轨迹、时代律动，看到狮子人民一步一步向着幸福、向着未来前进的矫健步履，感受狮子人民建设家园的深厚情怀。地方文史能留住根脉、挽住乡愁、薪火相传，是一份珍贵无比的礼物，更是传承历史、延续文脉、资治当今、激奋后来的重任。

愿狮子街道的桑梓乡亲，瓜瓞绵绵，接续奋斗，逐梦未来，开创幸福，建功新时代。

是为序。

《狮子街道人文》编纂委员会

2023 年 12 月 6 日

Contents

目　录

一、惺子故里

二、历代先贤

三、胜景名迹

四、红色纪事

五、问俗采风

六、地方特产

七、地名传说

八、岁月如歌

九、当代才俊

一、惺子故里

狮子街道位于九江市柴桑区新城区，民国时期为褒奖辛亥革命元老罗惺予的功绩，曾命名为惺予乡，有“惺予故里”之称。区位优越，交通便捷，风光旖旎，人文荟萃。境内有一方名胜白鹤洞、狮子洞；古迹遗存有唐义门陈遗址、宋岳飞夫人李氏墓、明郡主熊母朱氏墓、朗山天葬坟，宗教场所有清修寺、隆教寺，等等。物流园、高铁新区正在兴起，狮子街道是生机勃发、人财两旺的兴业热土。

沿革概貌

九江市柴桑区狮子街道，位于西部市区，东邻沙河街道、岳师街道，北毗城门街道，南与岷山乡接壤，西与新合镇相连。古时因境内有白鹤洞名乡，称九江府德化县义六路白鹤中乡、义七路白鹤西乡。民国时期，为褒奖老同盟会会员罗惺予对辛亥革命成功所做出的贡献，曾名惺予乡，故有“惺予故里”之称。中华人民共和国成立后，1954 年—1955 年隶属于九江县第八区，分设陶溪、龙岗、住岭、三桥、牌楼、雨淋等乡，区政府所在地设在鸡岭村王一我村。1955 年，各乡成立初级社。1956 年，分别转为高级社。1958 年，人民公社成立，区内划归九江县城门人民公社。1961 年，城门公社南北一分为二，南以狮子山为名，新设狮子人民公社，下设生产大队，公社办事机构设住岭村。1984 年 4 月，将狮子公社更名为狮子乡，各生产大队改称村民委员会。1993 年 8 月，撤乡建镇。2019 年 2 月 25 日，九江市人民政府印发《关于撤销柴桑区狮子镇设立街道办事处的通知》，

2018 年狮子街道办事处大门

撤狮子镇设狮子街道办事处。辖住岭社区、仲山、牌楼、煤山、三桥、朗山、鸡岭、龙岗、蔡桥村等8个行政村，1个社区，辖村民小组114个，人口2.5万余人。全境属丘陵地区，地势自西南向东北逐渐倾斜。株岭，一脉蜿蜒横卧镇南；朗山，一峰独秀雄居镇西。地表水由朗山溪、陶溪河、蔡桥河、三桥河分别注入城门湖、赛湖、七里湖。有耕地面积14 975亩，林用地35 145亩，养殖水面1306亩，农产品主要有优质水稻、棉花、油菜、菌类、香椿等，盛产的水果有蜜桃、雪花梨、葡萄等。南部山区盛产竹木，中部石灰石矿产丰富，石灰炼制业历史悠久，质优价廉，有"石灰之乡"的美誉。近年来，"一村一品"的观光农业、休闲农业等绿色经济生机勃勃，牌楼村的平卧菊三七、香椿、菌菇等绿色农业，仲山村稻虾联作等生态农业，已成为社会主义新农村建设中的一道靓丽风景。

狮子高速口

境内交通发达，距市政府12.9公里、区政府6.8公里、九江机场14.3公里，境内共有高铁大道、通江大道、双瑞大道、狮岷公路四条主道以及纵一、纵二路两条辅道，高铁大道至九江高铁站仅3.8公里，杭瑞（九瑞）高速自东向西贯穿全境，在狮子境内设有出口，是周边地区南下南昌、北上武汉的必经之地。高速出口延伸至通江大道，直达城西港集装箱码头，双瑞大道西至瑞昌市。高铁新区、物流园区两大经济区建设，日新月异，渐显优势。

狮子街道，在融入大九江城区建设中，以自身独特的区位优势、交通优势，升华为发展动力，以街市兴、乡村美、百姓富和政通人和、百业俱兴的丰姿展现在世人面前。

村级区划

住岭社区

住岭社区位于柴桑区西部，为街道办事处驻地。东与狮子街道龙岗村接壤，南与煤山村相连，西与鸡岭村相邻，北与城门街道白畈村毗邻，距城区 5 公里。相传元朝末年，战乱频繁，官兵所到之处沿路烧杀，至此住刀，故人们称此地为住刀岭，后又简化为住岭。下辖 16 个自然村，18 个村民小组，总人口 853 户 2741 人。土地资源：辖区总面积 6.2 平方公里，耕地面积 1333 亩，水田 890 亩，旱地 443 亩。森林资源：山地面积 1053 亩，全部为灌木林。

住岭社区

李家老屋　位于住岭北 0.7 公里的小丘边。沙河至城门公路由村西经过。清朝中期，李笔达从鸡岭李家三房迁居于此。原名龙岗畈李老屋。

王家村　位于住岭北 0.5 公里的小丘脚下。沙城公路从村中通过，村南有小溪。据《王氏宗谱》载：王克一之三子由湖口浙桥小凤山始迁九江，后宅田被改为大教场，复迁垄岗畈。迄今二十世。

娄家塆　位于住岭北 0.4 公里的小丘南面。村北有小溪，村东头有小桥。明朝初期，娄细宝从吉安瓦西坝迁居于此。

玉明垄李家　位于住岭北 0.7 公里的玉明垄北面。村南有小溪。据《李氏宗谱》载:

明朝初期，李仲一原籍安徽省徽州府婺源县之高桥，由武解元授职千总，奉命垦荒，乃迁化邑仙居乡朗山，后迁居于此。

施家畈　位于住岭北 0.7 公里的垄畈东南，沙河至新塘公路北。明朝初期，施扬贡从吉安瓦西坝迁居于此。

干家花屋　位于住岭北 1.4 公里的狮子山南面。据《干氏宗谱》载：干世良（明万历年间）江州人居住在江右，因乱宦于楚，遂徙江州，卜宅沙河。此村原有一间干家祖堂屋，门头上雕花，人皆称其为干家花屋。

梁家畈　位于住岭西北 0.2 公里的垄畈南面，沙城公路东。村后有小溪。明朝初期，梁普炎从吉安瓦西坝迁居于此。

董家　位于住岭北 1 公里的垄畈北面。村南有小溪。明朝末年，董氏从黄老门大塘张家山迁居于此。始名董家畈。

肖家塝　位于住岭西 0.5 公里的小丘塝上，沙河至新塘公路边。清朝末期，肖文选从城门石桥肖家洲迁居于此。1909 年，吴氏从黄老门大路迁居于此。中华人民共和国成立后，因修朗山水库朱姓数户迁居于此。

黄一房　位于住岭东 0.4 公里。据《黄氏宗谱》载：明代嘉靖年间（1522—1566），黄氏六世祖黄早从破塘大屋迁居于此，以始迁者排行十一得名为黄十一房，后人去十留一简称黄一房。

干家垄　位于住岭东 1 公里的山垄东面。据《干氏宗谱》载：明成化年间（1465—1487），干始宗随祖迁居浔阳沙河之西。

栅岭凹　位于住岭东 0.25 公里的栅岭山西北凹里。清朝嘉庆年间，王子贤从鸡岭王一我村迁居于此。以栅岭山得名。因方言“栅”“杀”同音，故又名杀岭凹。

梁家凹　位于住岭西南 1 公里的煤山东麓。清朝末年，梁氏从梁家畈迁居于此。

白羊垄　位于住岭西 1 公里的小山垄北面。沙河至岷山公路从村东经过。清朝乾隆年间（1736—1796），黄光朝从破塘大屋迁居黄家新屋，复迁居于此，以形似白羊得名。

杜家山　位于住岭东南 0.9 公里的杜家山西面。据《黄氏宗谱》载：黄贵辅从永泰源口乔迁浔阳初寓白鹤东乡泉水塘未几，乔居西乡鸡公岭，其孙黄联徙栅岭杜家山传十七代，仍用原名。

朱家垄　位于住岭西南 1 公里的山垄里。明朝末期建村，称朱家垄。清朝末期，朱氏招城门石桥黄光贵为婿，传宗接代，仍用旧名。

鬼头凹　位于住岭南 0.5 公里的栅岭山南麓凹里。清嘉庆年间（1796—1821），黄仕目兄弟三人，从煤山破塘大屋迁居于此。因前案有一山尖半露探头，俗称鬼头，其村也以此得名。

【延伸阅读】

狮子街道党性教育户外基地

江西省九江市柴桑区狮子街道党性教育户外基地，位于狮子山公园，总投资 20 万元，是集党性教育、红色教育于一体的综合性户外教育基地。

基地以弘扬党史中的伟大精神为主线，以狮子街道党员服务重点工程、服

狮子街道党性教育户外基地

务项目建设促九江高铁新区发展为主旋律，同狮子印 · 记馆联动组团，使户外党性教育同室内党性教育有机结合，是广大党员重温革命传统的重要宣传阵地。

九江市柴桑区智慧物流园区

九江市柴桑区智慧物流园区是《九江市物流业发展专项规划（2019—

2035年）》中“3枢纽9园区16物流中心14配送中心”共42个主要物流节点布局中的9园区之一，重点工程为公路港智能化仓储配送中心、电商快递分拣中心、冷链物流中心。本项目的建设响应了九江市物流业发展规划，项目建成后可解决迅猛发展的快递物流需求。九江市柴桑区智慧物流园项目一期工程位于高铁大道与通江大道交叉口，总用地118亩，其中物流园区用地87亩，设置以坡道库为核心的电商快递分拣中心；商业用地31亩，一期工程用地内新建两栋双层坡道库、高架平台、坡道、设备用房、门楼及门房等总建筑面积73 729.03平方米，一栋商贸物流服务中心，总建筑面积23 455.65平方米。

智慧物流园

龙岗村

龙岗村，位于狮子街道东北部，距街道办事处驻地1.5公里，距城区3公里。东起东风村鑫山水泥厂界，西至城门街道狮城大道，南起狮子街道住岭社区界，北至八里湖新区王家墩村铁路界。双瑞大道穿境而过，交通十分便捷，区位优势明显，目前整村全境属于高铁规划区。下辖23个自然村，21个村民小组，总人口1198户3709人。辖区总面积2.8平方公里，耕地面积2278亩，水田1466亩，旱地812亩。山地面积1539亩，其中，经济林18.5亩，灌木林1520.5亩。境内有狮子洞——岩溶洞穴旅游景点。

龙岗村村部

阎家畈　位于住岭北 1.5 公里的田畈西部。清朝初期，阎氏从河南省始迁涌泉泉塘畈阎家塘，百年后复迁居于此。

周家大屋　位于住岭北 3 公里的小丘西面脚下。《陈氏墓碑》载：周氏之母陈氏于清雍正年间（1723—1735），从九江市东门外携三子迁至此地定居。后人丁繁茂，房屋增多，故名。

熊家畈　位于住岭北 3 公里的垄畈西头。《熊氏六新重修家乘》载：明初熊均寿由临江徙居浔阳城虎踏石，今属煤山境内，后又迁上、中、下洲湾。

熊家中塆　位于住岭北 2.5 公里，小丘东面脚下，小河中游塆里。明朝初期建村。

管家铺　位于住岭东北 2.5 公里的垄畈中间。清朝中期，管九和从城门管家大屋迁居于此。定居后在此开了一间杂货铺，故名。

桂家凹　位于住岭东北 4 公里，背靠庙山。《桂大龙墓碑》载：桂大龙从德安宏泉徙居管家铺，后复迁居于此，传八代。

张家凹　位于住岭北 2.7 公里小丘垄两侧。清朝末年，张氏从黄老门春华海泉张家迁熊家上塆，后又迁居于此。

夏家凹　位于住岭东北 2.5 公里的小丘凹南。清朝初期，夏氏从九江（市）马家洲（已废）迁居于此。

熊家上塆　位于住岭北 1.5 公里的丘脚下，小河上游塆里。明朝初期建村。

李家凹　位于住岭东北 2 公里的塔山口西麓。《李云德墓碑》载：清康熙丁亥年（1707），李方德由鸡岭三房垄分支至此定居。

黄家凹　位于住岭北 1.5 公里的小丘凹里。清朝末年，黄氏从沙河街黄家坳杨家迁居于此。

肖家凹　位于住岭东北 2 公里的大山西麓。清朝初期建村。

陈家凹　位于住岭东北 1.5 公里的塔山口西麓。清朝初期建村。

陈家村　位于住岭北 2 公里的小丘西面脚下。清朝初期，陈神基从沙河兰桥迁居于此。

韦家岭　位于住岭北 1.2 公里的岭埂下。明朝中期，韦怒从城门兴联韦家凹迁居于此。

老屋阎家　位于住岭北 0.9 公里垄畈东边。明朝末期，阎氏从河南省始迁涌泉乡泉塘畈阎家塘，百年后复迁至此后，部分迁到阎家畈，此村称为老屋。

熊口　位于住岭东北 1.2 公里的小山垄口上，又名熊口上。据《熊氏墓碑》载：清朝初期，熊友麟从煤山熊家畈迁居于此。

陈敖洼　位于住岭北 1.5 公里的小丘南洼里。据《义门陈宗谱》记载：清康熙四十五年（1707）陈应泰公偕曹太夫人携幼子宗相，由原庐山区岗嘴陈村迁入龙岗畈，后人因颂扬我蓝桥庄第一世祖陈士泷公之妻敖太夫人之懿德，遂取其美名以纪念之。

周家村　位于住岭北 1 公里的狮子山西北脚下。清朝光绪年间（1875—1908），周茂支从狮子山何家村迁居于此。

李家畈　位于住岭北 1 公里的田畈上。清朝中期，李记山从住岭李家老屋迁居于此。

何家村　位于住岭东北 1 公里的狮子洞出口处。据《何氏宗谱》载：清朝初期，何仕宇由迪畲迁居沙河街狮子山庄世系。

徐家　位于住岭东北 1 公里，狮子山西侧。据《徐氏宗谱》载：徐宏何自明初由徽州府婺源县枣林乡徙居德安，徐父必义迁居化邑白鹤乡垄岗畈狮子山。

张家　位于住岭东北 1 公里的狮子山南侧。清朝光绪年间（1875—1908），张永友从黄老门海泉张家迁居于此。

【延伸阅读】

狮子印·记馆

作为义门陈文化发源地的狮子街道，因山而得名，狮子洞、岳母墓、岳飞夫人墓等旅游资源丰富，覆盖狮子境内的九江高铁新区，将打造 9 平方公里生态文旅体验区，重点发展文化旅游、生态旅游等观光休闲产业。

2022 年以来，狮子街道积极推进“文旅旺区”发展战略，高标准打造集“四名”文化于一体的狮子印·记馆。该馆位于狮子街道龙岗安置小区一期，总投资 100 余万元，占地 500 余平方米。按照充分展现党建引领发展成果、深入挖掘本地红色文化、集中展示人文自然风貌、凸显狮子未来发展潜力的思路，着力打造记乡愁、知乡音、凝乡情的精神家园。

狮子印·记馆内部图

馆内设乡贤名人厅、本土名品厅（平卧菊三七、牌楼香菇与羊肚菇）、民俗厅（含贤母文化展示区、义门陈文化展示区、地名由来和典故区、古树展示区）、名胜区（狮子洞、李娃墓、郡主墓、清修寺、隆教古寺、天葬坟、伯宣井、干洞、白鹤洞、雨林风景区）、红色文化厅、高铁新区发展历程厅、乡村振兴厅等。

其中，乡村振兴厅通过展现脱贫攻坚成果、专设本土特产交易平台，充分体现了“党建＋脱贫攻坚＋促进村级集体经济发展”理念；红色文化厅通过深入挖掘本地红色故事、红色英烈等，将狮子印·记馆打造成为党员党性教育基地。

蔡桥村沿革

位于住岭北，属丘陵地区，辖14个自然村，12个村民小组，有234户，1156人。耕地面积1503亩，主种水稻。山林面积500余亩。解放初属石桥乡、龙岗乡。1958年，属城门公社，称蔡桥大队。1961年，改属狮子公社。以境内自然村蔡家桥简化而得名，驻地陈家凹。2018年10月，划出王家墩村等归属于八里湖新区赛城湖街道，余下由龙岗村代管。

陈家凹　位于住岭东北4公里的小丘凹里。2户，9人。明朝初期，陈氏从沙河兰桥陈家墩迁居于此。

叶家塆　位于住岭东北5公里的小丘塆里。9户，49人。清朝末期，叶氏从沙河兰桥迁居于此。

胡马石　位于住岭北5公里的小丘南坡下。8户，33人。清朝初期，胡氏从本地胡家塆迁居于此。相传胡氏力气很大，能手举一只石马，人皆钦佩，故名。

蔡家桥　位于住岭北5公里的垄畈西埂上。25户，107人。据《蔡氏宗谱》载：清朝道光年间（1821—1850），蔡增富由郑州迁回本邑白鹤乡垄岗畈祖宅，复迁居于此。以村外小河上的石板桥得名。

闵家凹　位于住岭北5公里的小山凹里。10户，60人。明朝初年建村。

胡家塆　位于住岭西北5公里的山塆里。19户，91人。清朝初年，胡氏从本地三桥太阳山迁居于此。

刘家塝　位于住岭北5公里的垄塝上。24户，120人。清朝末期，此地称杨家塝。后刘氏从沙河土局刘家老屋迁到此处定居，改称刘家塝。

蔡家塅　位于住岭北4公里的田塅上。20户，100人。清朝中期，蔡氏从白鹤乡垄岗畈迁居于此。

熊家下塆　位于住岭北 3.8 公里的小河下游塆里。30 户，222 人。据《熊氏六新重修家乘》载：熊政卜宅垄岗畈河北为居。至今三十余代。

洪家凹　位于住岭北 3.8 公里的小山凹里。2 户，12 人。清朝末期，洪氏从本地洪家细屋正环山迁居于此。

王家墩　位于住岭北 3.6 公里的土墩上。10 户，55 人。明朝初年，王氏始迁祖从吉安迁于原白鹤乡汪家畈，其四世祖勇又从汪家畈迁居于此。

朱家凹　位于住岭北 3.5 公里的小山凹里。13 户，70 人。清朝末期，朱氏从本地朗山朱家老屋迁居于此。

桂家塝　位于住岭北 3.6 公里的小丘塝上。43 户，180 人。明朝初期，桂氏从吉安瓦西坝迁居于此。

畈上陈家　位于住岭北 3 公里的田畈上。12 户，55 人。清朝乾隆年间（1736—1796），陈氏从德安黄冲垄迁居于此。

鸡岭村

鸡岭村位于狮子街道西北部，距城区 8 公里。东起狮子街道住岭社区界，西至狮子街道朗山村界，南起狮子街道煤山村界，北至城门街道白畈村界。双瑞大道穿境而过，交通十分便捷，区位优势明显，目前整村全境属于高铁规划区。下辖 11 个自然村，14 个村民小组，总人口 827 户 2627 人。辖区总面积 3.4 平方公里，耕地面积 1732.07 亩，水田 1039.88 亩，旱地 692.19 亩。山地面积 1977.4 亩，全部为灌木林。以境内小丘鸡公岭简化而得名。驻地原在王一我村，1980 年迁到现址鸡岭埂。

鸡岭村村部

玉明垄　位于住岭西 1.2 公里的田垄里。清朝初年，赵玉明从吉安瓦西坝迁居于此。

赵家凹　位于住岭西北 2.5 公里的小丘凹里。明朝中期，赵氏从城门金兰赵家大屋迁居于此。

费家塆　位于住岭西北 2.3 公里的小丘塆里。《明故费氏孺人墓志》载：明朝末年，费志铭从长山西河费家大屋迁居于此。始名为蜜蜂庄费家，因蜜蜂山得名。

李家塆　位于住岭西北 2 公里的小丘塆里。《明故李仲一墓碑》载：明永乐年间，李仲一从徽州府婺源县高石乔徙迁朗山陶溪冲，后迁于此处定居。

金债塆　位于住岭西 2 公里的小丘塆里。明朝末年，李氏从仙居乡陶溪冲迁居于此，始名李家塆。相传，村里有一个人曾在九江洋船上做事，赚了很大一笔钱后回家养老，并大量放债，金债塆由此得名。

李花屋　位于住岭西 2 公里的垄畈里。清朝中期，李氏从朗山李家凹迁居于此。因当时李氏新建一栋花屋得名。

故烈嘴　位于住岭西 2 公里。此地原名菊花嘴，又称花园地。北面有座蜜蜂山。菊花嘴和蜜蜂山下都有村庄，当地人以其相对地形取蜜蜂采花酿蜜之意定名。后来，有个风水先生在蜜蜂山下的村庄遭冷遇而欲加害之，随即煽动菊花嘴村民将地名改为故裂嘴（蜜蜂困死在蜂房之意），“烈”与“裂”同音，又演变为故烈嘴。

三房垄　位于住岭西 2 公里的小山垄里。明朝中期建村。因始迁者所属房序得名。

王家　位于住岭西北 1 公里。清朝末期，王氏从本地王一我村迁居于此。

何家村　位于住岭西 2 公里的丘坡下。村西有小溪。清朝末期，何氏从瑞昌县九源何家迁居于此。

赵家村　位于住岭西 1.2 公里的田垄南。明朝末期建村。

科桶塆　位于住岭西北 1 公里的小丘塆里。清朝嘉庆年间（1796—1820），王科桶从王一我村迁居于此。

王一我村　位于住岭西 1 公里的田畈间。明初王氏始迁祖从吉安迁于原白鹤乡汪家畈，其四世祖甫又迁居于此。因七世祖字一我，后以其名望代称地名。

黄头户　位于住岭西 2 公里的垄畈北。世居。当时盛行菩萨座案（一个村庄落户一年）的迷信活动，这个村是头一个落户点，故名。

朗山村

朗山村位于狮子街道西北部，距城区 8 公里。由原黄金村、朗山村合并而成。原朗山村位于住岭西南，属丘陵山区。辖 7 个村民小组，7 个自然村，总人口 165 户 836 人。耕地面积 445 亩，山林面积 6000 余亩，以林为主。解放初，属陶溪乡。

1958年，属城门公社，称朗山大队。1961年，属狮子公社。1968年，并归黄金大队。

1972年分队，改称狮子公社林场。1975年，复称朗山大队。驻地李家村。2006年8月，与黄金村合并，合并后的朗山村东起狮子街道鸡岭界，西至新合乡界，南起狮子街道煤山村界，北至城门街道金桥村界。杭瑞高速、双瑞大道穿境而过，交通十分便捷，区位优势明显。下辖25个自然村，20个村民小组，总人口855户2729人。辖区总面积3.8平方公里，耕地面积1873亩，水田876.5亩，旱地996.5亩。山地面积9680亩，全部为灌木林。境内朗山一山独秀，群山拥簇，自古为一方名胜，村以之为名。驻地鸡岭埂。

朗山村村委办公大楼

李家村　位于住岭西南5公里的山垄丘埂上。明朝中期李学四从湖南长沙上八府迁居于此。

袁家村　位于住岭西3.8公里的朗山水库西侧。明朝初期，袁文山从吉安瓦西坝迁居于此。

张家凹　位于住岭西4公里的山垄凹里。清朝中期建村，称张家凹。《清故刘金钟墓碑》载：清乾隆二十二年（1757）刘金钟由黄金刘家村迁于此处居住，仍用旧名。

苏家山　位于住岭西4.5公里的山凹里。四面环山。清朝初期，苏氏从湖北迁居于此。

苏家中屋　位于住岭西1公里的茅草坡山北面。东侧是朗山水库。清朝初期，苏氏从湖北迁居于此。因村庄位于苏家山（村）下而得名。

朱家大屋　位于住岭西5公里，高家塔山东面。明朝初期，朱氏从吉安瓦西坝迁居于此。因屋场大得名。

朱家新屋　位于住岭西5公里的茅草坡山南面。清朝末年，朱氏从朱家大屋分支至此。

兔儿凹　位于住岭西2.5公里的小丘凹里。明朝初期，刘氏从朗山迁居于此。

村后有两座山，一大一小，形似兔儿出窝，故名。

刘家铺　又名刘铺司。位于住岭西4公里，沙河至新塘公路拐弯处。据《刘氏宗谱》记载：明初由德化县始迁祖永二公从彭泽水西畈落籍化邑仙居一乡磐石街，后又迁仙居二乡神灯湾，历三世肇基祖郁鉴公卜迁朗山北麓老虎冲。因村曾设为九江至瑞昌的朗山铺驻地，刘氏先祖曾任朗山铺铺司，后铺以刘姓，村以铺名，因相承袭。

李四房　位于住岭西3公里的田垄中间。沙新公路从村南经过。据《李氏墓碑》载：李仲一从朗山陶溪冲迁李家湾，后生八子，第四子徙居此地，故名。

大房岭脚下　位于住岭西3公里的鸡公岭脚下。李仲一的长子从李家塆分支至此，故名。

鸡公岭　位于住岭西2.5公里的鸡公岭埂上。明朝中期，刘氏从庐山莲花洞迁居于此。

邻家塝　位于住岭西2公里的田畈塝上。原邹氏在此居住，称邹家塝。1961年，因修建朗山水库，水库内的李家山村迁居于此，故又称李山脚下。

新村　位于住岭西3公里的朗山水库东北0.5公里。1970年搞新村规划，原罗家村全部迁居于此，称新村。

二房凹　位于住岭西3公里的小朗山东面凹里，南距朗山水库3公里。明朝初期建村。始迁者排行第二，故名。

桥头李家　位于住岭西2.6公里的山冲北。有溪流。明朝初期，李氏从二房凹迁居于此。因地处村前面桥头，故名。

刘家凹　位于住岭西南4公里的山凹里，朗山水库边。明朝初期建村。

石嘴苏家　位于住岭西南2.7公里的小山西北。《苏伯虎之墓》载：苏伯虎于明嘉靖初年，从现朗山水库内迁居于此地。因村处石头山嘴上而得名。

罗家畈　位于住岭西南3.2公里，朗山水库东北0.3公里处。明朝末年，罗氏从本地罗家大屋迁居于此。

【延伸阅读】

黄金村沿革

黄金村位于住岭西南。属丘陵地区。辖13个村民小组，12个自然村，总人口237户1219人。耕地面积1117亩，主种水稻。山林面积500余亩。中华人民共和国成立初期，属陶溪乡。1958年，属城门公社，称黄金大队。1961年，改属狮子公社。《黄氏宗谱》载：黄金迨由杜家山分支至此后，捐款修建了一座桥，后人取“黄金”两字为桥名，以桥名地，驻地兔儿凹。后迁至鸡岭埂。2006年8月，与朗山村合并，统称朗山村。

朗山水库

黄支龙

提起朗山水库，受益于朗山水库灌溉的人们，无人不知，无人不晓。只要你步入狮子镇黄金村地界（现更名为朗山村），往朗山冲方向望去，有一条长约400米、高20米左右的大坝上镶嵌着“朗山水库”四个醒目的大字，你便可一览大坝丰采。现在人们又何曾知晓当年构筑这大坝的历史呢？

1958年秋天，城门人民公社（狮子、城门合并）管理委员会的领导干部，为积极响应九江县委、县政府“兴修水利”的号召，组织有关人员实地考察朗山冲的地形地貌，集思广益，做出了修建朗山水库的英明决策。动员大会上，得到

朗山水库

了广大社员群众的坚决拥护和大力支持，从此，揭开了兴修朗山水库大会战的序幕。

工地上，红旗招展，男女老少齐上阵，人山人海，来来往往，川流不息。

有的挥舞着锄头挖土取土，铲土的争先恐后，担土的你追我赶，整平的毫不示弱，负责夯实的三五成群，掀起木制的小榔头，时时响起清脆悦耳的号子声。负责宣传的工作人员，发现热情高、干劲足的社员群众，及时用土喇叭进行宣传，表扬激发大家的劳动热情，鼓舞斗志，工地上好一派热闹的场面。

修建水库，基础是关键。朗山冲里的许多条山涧流出来的山泉汇合成一条河流，大坝的南头是一座山，岩石缝渗水，当时缺少水泥、钢筋等建筑材料，堵塞岩石缝渗水成了一道难关，工地上的人们群策群力，塞下几床棉絮堵漏，才使大坝合龙。

经过大家艰辛的劳动，水库大坝已具雏形，在多年的大会战中，许多人流血流汗，忘我地劳动，终于修筑成一道长 383 米、高 19 米的大坝，积雨面积 5 平方公里，有效库容达到 295 万立方米，搬迁库区移民三四个自然村的近百户农户。随后逐年完善灌溉配套设施，修建了长达几十公里的南、北两条水渠，蓄水超过水位线则从渠道溢洪道排出，确保大坝安全。水位下降后，可以开闸放水，水流出来后分三路灌溉下游的农田和旱地改作的水田。全公社除了雨淋、牌楼、三桥几个村外，水灌溉黄金、鸡岭、住岭、龙岗、蔡桥及至城门乡的白坂村等，灌溉区农田旱涝保收。

这座水库的建成，凝聚着狮子劳动人民的辛勤汗水，是他们勤劳智慧的结晶，在当时落后的生产设备和艰苦的条件下，这真是狮子人民的伟大创举，我们为之而感到骄傲和自豪。

（此文原载于《秀美狮子》）

煤山村

煤山村位于九江市柴桑区中西部，距城区 5 公里，东邻三桥村，南接牌楼村，西连朗山村，北至住岭居委会。杭瑞高速穿境而过，交通十分便捷，区位优势明显。目前整村一半属于高铁规划区。全村下辖 13 个自然村，12 个村民小组，总人口 603 户 1910

煤山村村部

人。辖区总面积 2 平方公里，耕地面积 1517 亩，水田 1067 亩，旱地 450 亩。山地面积 1450 亩，灌木林 1450 亩。

煤山村于 1959 年成立煤山大队，属城门人民公社。1961 年，属狮子公社，并归住岭大队。1962 年，复称煤山大队。1969 年，又并归住岭大队。1972 年，又复称煤山大队。驻地樟树下，以境内有座煤山而得名。

樟树下　位于住岭南 1.4 公里的栅岭山西南，7 户 40 人。清朝末年，黄由兴从本地破塘大屋迁居于此。以村处大樟树下而得名。

上垄村　位于住岭西南 1.5 公里的煤山南面。29 户 164 人。明朝中期，桂志诚从德安县林泉迁居于此地黄氏外婆家顶继。以村处山垄首而得名。

破塘大屋　位于住岭南 1 公里的山塝上。50 户 212 人。明朝末期，黄洗从上垄村迁居于此。村前有口塘，人称之为破塘，又因村大人多，故名。

破塘凹　位于住岭南 1 公里的小山凹里。20 户 78 人。明末清初，黄楠曾孙子临从本地黄一房迁居于此。村与破塘大屋相连，故名。

祠堂　位于住岭南 1.5 公里的塝埂上。6 户 31 人。明朝末年，破塘大屋的黄氏太公在此建了一间祠堂。清光绪年间倒塌（现残基仍存），随后李昌淼由黄金李四房迁于此处定居，仍以祠堂为村名。

胡家村　位于住岭西南 2 公里的小山凹埂上。6 户 42 人。清朝初期，胡氏从沙河石门迁居于此。

檵槎凹　位于住岭西南 2.5 公里的山凹里。7 户 31 人。明朝末期，黄氏从破塘大屋迁居于此。因村庄两边山上长有很多檵槎树，故名。

李家塝　位于住岭西南 2.5 公里的山垄塝上。村西 0.25 公里处有座小水库。20 户 102 人。明朝中期建村。

熊家畈　位于住岭南 2 公里，栅岭山的南面田畈上。38 户 179 人。《清故熊母朱氏墓》载：清天命年间，由上八府（今上高县）携四子来此居住。

朴叶树　位于住岭南 2 公里，沙河至岷山公路两侧。65 户 337 人。明朝初期，王福九从湖北省黄梅县迁居于此。以村内长有一棵大朴叶树而得名。

徐家山　位于住岭西南 2 公里的小山北面脚下。9 户 55 人。明朝末期建村。

黄家新屋　位于住岭南 2 公里的楼林山东面田畈上。10 户 52 人。清朝乾隆年间，黄氏从本地破塘大屋迁居于此。以始迁者在此建了一间新屋而得名。

三桥村

三桥村村部

狮子街道三桥村位于九江市柴桑区中西部，距街道办事处驻地3公里，距城区4公里。东邻沙河街道东风村，南接牌楼村，西连煤山村，北至住岭社区。三桥境内丰收河自上而下贯穿全村，自然村庄分布在丰收河两侧，交通便捷，环境优美。下辖20个自然村，17个村民小组，总人口836户2573人。辖区总面积5.7平方公里，耕地面积2120亩，水田1561亩，旱地559亩。山地面积5521亩，其中，经济林76.8亩，灌木林5444.2亩。境内有岳飞夫人李氏墓。以驻地三口桥村简化而得名。

三口桥村　村前小河上架了一座桥，称为山口桥。《岳飞夫人李氏墓碑》（残）载有“山口桥”字样。后因方言“山”和“三”同音，又演变为三口桥。

干家竹林　位于住岭东1公里的小山东坡下。《沙河干氏宗谱》载：绍宗（明万历）江州人也。世居江右，因乱宦于楚，遂卜宅沙河。以宅旁有片茂密的竹林而得名。

干家油榨　位于住岭东2公里的小山南面。清朝末期，干氏从罗塘迁居于此。以村内有座油榨而得名。

赵家凹　位于住岭东2.2公里。《明故赵国太墓碑》载：明万历甲申年（1584）国太由德安关港迁居于此。

黄家　位于住岭东2.5公里的小山东面。清朝末年，黄氏从城门白合七房垄迁居于此。

太阳山村　位于住岭南2公里的太阳山西面。清朝乾隆年间，胡庆水从庐山赛阳迁居于此。以太阳山而得名。

罗家村　位于住岭东2公里的太阳山南面，小河湾东侧。清朝同治末年，罗氏从本地罗家畈迁居于此。

胡家旧屋　位于住岭南1.5公里。清朝初期，胡氏从庐山赛阳胡家楼下迁居于此。因人口增多，有部分人分支到村北100米处建宅定居，外迁的人称此为旧屋。

熊家村　位于住岭南2公里的河西岸。清朝中期，熊氏从沙河泉塘迁到此地。罗氏于清光绪年间，从牌楼迁到此地，跟熊姓同住一村。

孟家垄　位于住岭南3公里的株岭山西麓。清朝初期，孟氏从九江市姑塘镇迁居于此。

斗山吴　位于住岭东南3公里，株岭山西麓小丘上。明朝中期，吴氏从岷山株岭塔林坡迁到此地。因所处的小丘形似斗笠而得名。

四斗丘　位于住岭南3公里的云台山东。1951年罗氏从牌楼罗家大屋迁居于此，因房屋建在四斗丘上，故名。

魏家大屋　位于住岭南3公里的株岭山西面。宋朝末年，魏文成从九江迁居于山口桥今址魏家大屋，始名为魏家。后人口增多，村庄扩大，改现名。

高家村　位于住岭南3.5公里的云台山南面。清朝初年，高大宝从垄岗韦家岭迁居于此。

割猪佬　位于住岭南4公里的楼林山南面。据《清故黄氏墓碑》载：清朝初期，黄南基从破塘大屋迁居于此。始名黄村，后村里出了几个劁猪佬，方言称割猪佬，故名。

糍粑岭　位于住岭南4公里的楼林山南面凹里。明朝末年建村。相传陈氏为了占地盘，在此造了一座牌楼。土地占有后，又将牌楼拆迁到别处（牌楼村）。拆迁时，陈家做了很多糍粑给工匠们吃，故名。清朝初期，罗氏从罗家祥云迁居于此，仍用原名。

枫树倪家　位于住岭南4.5公里的株岭山西面。清朝末年，倪文岁从沙河天坡倪家河迁居于此。因村头有棵大枫树，故名。

黄九房　位于住岭南4.6公里的株岭山西面埂塝上。清朝初期，黄林从城门白合十房大屋迁居于此。黄林排行第九，故名。

吝家村　位于住岭南4.6公里的株岭山西面土埂上。明朝中期，吝宗山从安徽江右迁居于此。

魏家凹　位于住岭南4.6公里的株岭山西面埂凹里。清朝乾隆年间，魏新洪从本地魏家大屋迁居于此。

牌楼村

牌楼村村部

牌楼村位于柴桑区西郊狮子街道南部丘陵地区。东与高铁新区毗邻，南接岷山革命老区，西邻仲山村，北连杭瑞高速公路，距县城 10 公里，距街道 4 公里。全村地域面积 7.2 平方公里，辖 19 个村民小组，总人口 915 户 3002 人。全村耕地面积 2270 亩。村中心有千亩园田化，农业基础设施完备，功能齐全。种植以食用菌、粮、棉、油为主。林地面积 4857 亩。境内有千年古刹清修寺、义门陈遗址等，以驻地牌楼得名。

牌楼　始名议事门，陈家在此建起牌楼后，改名为牌楼。清朝中期，李民从岷山株岭塔林畈刘家迁于此处居住，故又有“牌楼李家”之称。

高家村　位于住岭西南 4 公里的小丘坡上。清朝末期，高氏从三桥桃园迁居于此。

许家垄　位于住岭西南 5 公里的小山垄里。清朝初期，许阁老在此地定居，称许家垄。许氏后迁城门，徐大相从煤山迁居于此，也称许垄徐家。

李家口　位于住岭西南 4 公里的山垄口上。明朝初期建村。以姓氏和所处位置得名。

王家嘴　位于住岭南 4 公里的株岭山西面塝嘴上。清朝末期，王氏从仲山罗家凹迁居于此。

罗家祥云　位于住岭西南 4.5 公里的丘南坡下。清朝中期，罗祥云从罗家大屋迁居于此。

李家塆　位于住岭西南 4.3 公里的小丘里。沙河至岷山公路拐弯处两侧。清朝末期，李氏从本地李家口迁居于此。

黄家　位于住岭南 4 公里的株岭山西麓的小丘坡上。清朝中期，黄氏从沙河毛桥迁居于此，称黄家。清光绪十八年（1892），李亿云从李家凹迁居于此，仍用旧名。

李家凹　位于住岭南4公里的株岭山西麓的丘凹里，分上凹和底凹，相距百余米。明朝初年，李氏从吉安瓦西坝迁到此。

罗家大屋　位于住岭西南4公里的田畈埂上。明朝初期，罗宗三从吉安瓦西坝迁到此处后人丁兴旺，外迁者多，得名。

上边李家　位于住岭西南5.5公里的畈埂塝上。宋末元初始迁祖李万九公从德安磨刀李迁居于此。

桂家　位于住岭南4公里的株岭山西面。明朝中期，桂氏从德安林泉迁至罗家中门，后迁居于此。

杨家塆　位于住岭南4.5公里的株岭山西面塆里。明朝末期，杨氏从马回岭蔡家桥迁居于此。

畈里昔　位于住岭南5.9公里的株岭山西面田畈里。清朝中期，帅氏从黄老门中岭李家河到此顶外婆昔氏继，因村处畈里，故名。

郭家塆　位于住岭南4.5公里的株岭山西麓塆里，郭氏属世居户。

罗家岭　位于住岭南4.5公里的株岭山西麓小山脚下。清朝初期，罗氏从黄老门中岭李家河迁居于此。

曾家村　位于住岭南6公里，沙河至岷山公路边。明朝初年，曾氏从吉安瓦西坝迁居于此。

四房昔家　位于住岭南6公里的株岭山西面埂塝上。清朝中期，帅氏从黄老门中岭李家河到此顶外婆昔氏继，他的四子迁居于此，故名。

干家凹　位于住岭南6.5公里的小山凹里。明朝末期，干氏从三桥迁居于此。

黄凹　位于住岭南6.5公里的株岭山西面，沙河至岷山公路侧。清朝乾隆年间，黄氏从黄老门大塘沙塘尾迁居于此。

【延伸阅读】

狮子现代农业产业园

狮子现代农业产业园位于九江市柴桑区狮子街道牌楼村，按照“支部引领、能人带头、合作社助力、农户参与”的生产经营模式，依托生态、绿色优势，加速种植、加工、流通及休闲农业三产融合，是集现代农业发展、休闲采摘旅游与美丽乡村建设于一体的综合型现代农业产业园。园区规划总面积7500亩，分果蔬采摘、农事观光漫游、特色民宿三个体验区和有机水稻种植、果蔬种植、农产品精加工、文旅休闲配套四大功能区。目前产业园已建成面积达1600亩，其中优质水稻面积1000亩，菌类、香椿等名特蔬菜320亩，桃、雪花梨、葡萄等特色水果280亩。同时产业园引入九江礼涞生物科技有限公司技术和模式优势，专设循环农业示范区，将菌菇种植废弃物转化成的有机肥再回归施用到水稻、蔬菜等种植上来，实现绿色循环发展。

现代产业园

仲山村

仲山村于2006年6月由雨淋村、仲山村合并而成。位于狮子街道西南部，距县城11公里，距狮子街道办事处7公里。东与狮子街道牌楼村交界，西与岷山乡西株岭村交界，南与岷山乡花盘村交界，北与狮子街道朗山村交界。

原仲山村解放初先后分别属花盘、牌楼、雨淋乡。1958年，属城门公社，称青山大队。1961年，属狮子公社。1969年，并归雨淋大队。1973年，复称青山大队。1987年，经县人民政府批准，改名为仲山村委会。以境内仲山而得

仲山村村部

名。后雨淋村与仲山村合并，称仲山村。村部驻地罗家新屋。合并后的仲山村下辖 26 个自然村，23 个村民小组，总人口 1119 户 3538 人。辖区总面积 3.4 平方公里，耕地面积 1921 亩，水田 1495 亩，旱地 426 亩。山地面积 8300 亩，其中规划为公益性面积 3701.4 亩，系灌木林。

罗家新屋　位于住岭西 4.9 公里的小丘南面。明朝末年，罗新吾从罗家大屋迁居于此。始名新吾村，后演变成新屋。

正环山　位于住岭西南 6 公里的高家塔山东面，三面环山。《浔阳洪氏宗谱》载：迁祖琏明代司铎蒲亭由饶而聚居德安任所者有兄弟五人。琏亦迁居九江白鹤洞庄（即洪上畈村），后又迁黄土墈居住。洪正环从黄土墈分支至此。

彭家村　位于住岭西南 6 公里的傅公山东面，石门岭南面。《彭氏宗谱》载：明洪武年间（1368—1398），彭科自临江府金县分支，同行七姓拓集浔阳德化，后因基地狭隘，复移仙居畈。第七世彭仁之子由仙居畈迁居白鹤乡傅公山枫树坳脚下。

罗家凹　位于住岭西南 4 公里的山凹东侧。1781 年，罗云望从牌楼罗家大屋迁居于此。

罗家二房　位于住岭西南 6 公里的石门岭南面。清朝初期，罗家洪从牌楼罗家大屋迁居于此。罗家洪排行第二，故名。

油榨塆　位于住岭西南 6 公里的傅公山东面塆里。明朝中期，洪浩从雨淋野鸡凹迁居于此。以有一座油榨坊而得名。

小凹　位于住岭西 4.5 公里的小山凹里。清朝嘉庆年间（1796—1820），罗氏从罗家凹分支至此。以村处位置而得名。

罗家塝上　位于住岭西 4.8 公里的小丘上。清朝嘉庆年间，罗正校二人从罗家二房迁居于此。

林家山　位于住岭西南 6.5 公里的傅公山东面。《凌氏宗谱》载：袁义，元朝元统年间（1333—1335）进士，迁居柴桑，因见元朝将衰决意不仕，明洪武三年（1370）由柴桑籍德化县仙居乡白齐畈迁居于此。

黄土墈　位于住岭西南 5.1 公里的小山东南。60 户 298 人。明朝末年，洪氏从洪家畈分支至此。

罗家中门　位于住岭西南 5 公里的小丘东面，村前有小溪。清朝末期，罗正远从仲山罗家凹迁居于此。此地并排三个村庄皆由仲山罗家凹迁来，这个村居中，故名。

罗家畈　位于住岭西南 5 公里的田畈间。清朝宣统末年，罗易黄从罗家大屋迁居于此。

谢家　位于住岭西南5公里的丘脚田畈间。谢氏在此地世居。

白果树张家　位于住岭西南5.2公里的小丘南坡下。明朝初期，张坤必兄弟三人从黄老门春华海泉张家迁至正环山，后又迁居于此。以村头有棵大白果树而得名。

邹家塆　位于住岭西南5公里的丘坡西面。明朝初期，邹氏从奉新县迁居于此。

洪上屋　位于住岭西南5.2公里。明朝末年，洪氏从洪家畈分支至此。村处垄上首，故名。

洪家畈　位于住岭西南5公里的垄畈上。据《洪氏宗谱》载：洪涟，明廷试进士，任教德安，后迁至九江西关白鹤乡（即此村）。

紫金塆　位于住岭西南5公里的小丘南坡下。清朝中期，洪氏从洪上屋分支至此。以村周围盛长紫金藤而得名。

洪家塝　位于住岭西南5.4公里的小丘塝上。清朝中期，洪氏从洪上屋分支至此。

夏家山　位于住岭西南5.5公里的小丘南坡脚下。明朝末年，夏氏从湖北省广济县迁至岷山株岭夏家山，后又迁居于此。

余家　位于住岭西南6公里。村南0.4公里处有座水库。明朝末年，余尚六从奉新县迁至岷山文桥余河，约百年后，余景煜迁居于此。

三户洪　位于住岭西南5.5公里的山塝上。清朝初期，洪氏从洪家畈迁居于此。生三子，分为三户，故名。

【延伸阅读】

雨淋村沿革

原雨淋村位于住岭西南，属丘陵地区。辖13个村民小组，13个自然村，总人口327户1642人。耕地面积1115亩，主种水稻。山林面积1000余亩。解放初，属花盘、雨淋乡。1958年，属城门公社称雨淋大队。1961年，属狮子公社。以境内雨淋堖得名。驻地黄土塅。2006年6月，与仲山村合并，统称仲山村。

雨林风景区

雨林风景区是国家AAA级旅游景区，地处江西省九江市柴桑区狮子街道仲山村余家。雨林风景区三面环山，一面筑土坝而成，其为纵穿柴桑区，入注长江的一条河流发源地。随着乡村旅游的兴起，雨林风景区溪水长流，环境幽雅，依托优越的自然资源环境和地理优势，大力发展特色农业产业，按照四季有花、四季有果的发展目标，为游客提供体验采摘的休闲旅游服务。目前有蓝莓园、杨梅园、樱花园、七彩荷花园等十余种特色产业园。同时发掘当地特色文化，打造中式结合东南亚风格建筑，是集农业体验、休闲、娱乐、度假、养老基地于一体的优美胜地。

雨林风景区

二、历代先贤

狮子，自古文风蔚起，人才辈出。在科举时代，时有乡贤苦读经书，亦文亦武，中举及第，金榜题名。特别是在清末民初，罗九学堂的兴办，为家乡培养造就了一批利国利民的栋梁之才。他们或临危受命，力挽狂澜；或为官一任，造福一方；或敢为人先，独树一帜；或甘为人梯，教书育人；或公而无私，回报乡梓。他们的身体力行，不仅是家乡的骄傲与自豪，也是后人的标杆与楷模。

罗惺予：辛亥革命一元老

刘为珍

罗惺予像

辛亥革命，一举推翻了数千年的封建统治。武昌起义，九江与湖南、陕西竞相宣布独立，成为推翻封建王朝的急先锋。这一义举的策动者，就是受到国父孙中山先生高度称赞的辛亥革命元老罗惺予，即地方百姓称为“罗九先生”者。

罗惺予，名大佺，晚号钝庵，清咸丰七年（1857）出生于九江府德化县白鹤西乡牌楼下罗村（今狮子镇牌楼村）的书香之家。父，石渠，岁贡生。兄，大佑，同治十年（1871）辛未科进士，为台湾建省首任台南知府。因在兄弟中排行第九，世称“罗九先生”。清光绪戊子（1888）科举人，大挑知县不就。戊戌变法失败，他目睹清廷内政腐败，外患日亟，丧权失地，国将不国，民不聊生，对满清王朝失去信心。他认为只有民主才能救国救民，于是参加同盟会。为传播新思想，先后在沙河创办了高等小学堂，在九江创办了开化阅报社，并组建商团。开民智，兴实业，传播新思想，致力于民主革命。

清宣统三年八月十九日（1911 年 10 月 10 日），即辛亥革命武昌起义枪响之后，罗惺予即与林森、吴铁城等同盟会元老一道，策动驻浔新军第五十三标标统马毓宝起义。九月初三（10 月 23 日），三声炮响在九江古城金鸡坡炮台炸破夜空，九江即告光复，成为继湖南、陕西之后，较早宣布独立的地区。

随即，武汉军政府驻浔军政分府成立，马毓宝任都督兼军务部部长，罗惺予任政务部部长，林森任副部长。

时值危乱之秋，罗惺予恪尽职守，日理万机。清舰海圻、海筹、海容未参与起义，由鄂东下九江，于九江金鸡坡炮台新政府交火。一时炮火连天，危机四伏，民心惶惶。罗惺予临危不乱，周密筹划，组织调停，派员登舰向官兵晓明大义，终于化干戈为玉帛，促成了三舰官兵易帜，九江得以免于战火。

既而，冯国璋率清军南下，直逼武汉，威胁九江，情况十分危急。九江城内，一日数惊。罗惺予坐镇江城，运筹帷幄，联络商会，组织军民严阵以待，终使冯部不敢犯。江西巡抚冯汝骙带着家眷逃经湖口被擒，押解九江监禁。当时有人主张杀冯，也有人主张杀死冯的全家。罗惺予力排众议，认为："革命之旨，不在多杀，促其自新可也！"

南昌军政府成立，马毓宝任江西都督，授罗惺予为九江知府、江西省榷税局局长等职，罗惺予以"革命之旨上为国家，下为地方，吾岂欲搏官职哉"而未就任。

中华民国成立后，罗惺予应临时大总统孙中山之邀赴南京共商国是，被推举为临时参议院咨议，参与制定《临时约法》。在此期间，孙中山在总统府宴请罗惺予，并一再请罗惺予留京参政，仍被婉辞谢绝，因为他执意功成身退。

1922 年 10 月 29 日，孙中山先生应江西总督李烈钧之邀视察江西，途经九江，九江各界人士举行欢迎大会。孙中山先生特地接见了罗惺予，对他给予了高度评价，称："武昌起义，九江最早响应，鼎力支持，革命顺利进行，悉先生之功力，佩甚！"并与他合影留念。

辛亥革命成果被窃，军阀混战，罗惺予毅然回乡，致力于家乡公益事业。他曾任九江师范监督，与汪龙光等督办南浔铁路，开办城门铁矿等。他手管巨资万计，但不染公款分文，深受乡亲景仰。他在家乡创办了"梦菊山庄"，当地百姓称之为"罗九先生学堂"，为家乡培育出了大量的可造之才。

公务之余，罗惺予常以诗文明志。1913 年 9 月，他的好友徐秀钧在九江岳师门外慷慨就义，他泣血写下悼词："喷尽英雄血，难将公理申。同盟今渐烈，吾国可能新。努力驱虎豹，乘时出凤麟。君灵应不昧，僵骨也嶙峋。"烈士昭雪后，罗惺予又与父老乡亲一起沉重悼念，并亲题挽联："褒尔何荣，罪尔何辱，平生果敢无前，应有千秋垂不朽；先死非悲，后死非乐，天下本基未奠，茫然四顾欲谁依？"从联文上不难看出：褒与罪，荣与辱，乐与悲，生与死，对罗惺予他们来说，早已不屑一顾而置之度外，天下本基，民主共和，才是他们孜孜以求和终生奋斗的唯一目标！

1923 年春，罗惺予寿终正寝，终年 67 岁。著有《钝庵诗钞》行世，曾任国民政府主席的林森作序称："先生蓄道德，能文章，奔走革命，功在民国，自足以传世。爰将先生平居操行及致力顺应之事迹，表而出之，使后之览者，知先生不仅以文事见长也！" 1947 年，为纪念罗惺予的功绩，他的家乡黄金乡被命名为"惺予乡"。

（原文载于《走进桃花源》）

黄母王氏：淑人懿德永流芳

施元华

在柴桑区中华贤母园一楼展厅里，有一块颜色发黑、写满文字的墓志铭。它的主人，就是被明朝万历年间（1573—1620）山西布政司右布政蔡廷臣称为贤母的王氏。

黄母王氏（1529—1596），是明朝九江府德化县白鹤乡栅岭山（今柴桑区狮子街道住岭社区黄一房）黄楠公之原配，她的名字和出生地已不可考，家谱没有详细记载。只知道她是明朝万历年间人，生有一子三女，明朝万历名臣彭国光娶了她的小女儿为妻。因为年代久远，官府和民间对王氏的记载资料极少。但是，仍能从王氏坟中的墓志铭上，找到有关她生平事迹的蛛丝马迹。

万历二十四年（1596）十二月十三日，黄母王氏去世，儿子为她守孝三年。三年期满，待下葬前，她的族侄黄凤岩受村人委托，怀揣记述黄母王氏品行的文书，快速赶到蔡府，请蔡廷臣撰写墓志铭。进士出身的前任山西布政司右布政的同乡人蔡廷臣（德化县人），看到文书后，深为感动，而且他以前也曾听说过黄母品德高尚的事迹，于是据实撰写了近千字的碑文，被人刻在一块石碑上，作为墓志铭葬入王氏墓中。

最初，王氏墓地位于沙河街东风村一处叫景德垅的小山上，坐西北向东南，距离狮子龙冈畈五里许。这里属于庐山脚下浔阳江边一块宝地，多年以后，墓外碑志遗失，线索就此不清。往后，后裔误以为该墓是她儿子文焕的坟墓，并口口相传下来，年年清明前来祭奠。1971 年前后，原九江县钢铁厂在东风村一带修建厂房，王氏坟墓须迁移被挖开，棺材、墓志铭一同出土。由于年代久远，刻有墓志铭的石碑上字迹模糊不清，难以辨认；再加上当时人们文化水平普遍不高，对古墓重视程度不够，保护意识淡薄，没能认真地好好读出碑上的文字，于是又把墓志铭和王氏棺木重新葬入村庄后边的祖坟山上，仍然误作是她的儿子去祭拜。2018 年，因要修建庐山西站高铁大道，黄一房村的祖坟山也在征地之列，王氏棺木和墓志铭再次出土。这回，村里人不再敷衍对待，而是抓住这个难得的机会，找来数人聚在一起，围着那块字迹模糊不清的石碑，仔细辨认文字，认真推敲大意。经过反复琢磨后，人们才恍然大悟：这座坟里安葬的，根本不是王氏的儿子文焕，而是王氏自身。

感谢蔡廷臣亲撰的墓志铭，不但颠覆了人们几百年的错误认知，而且使大家重新认识了黄母王氏。原来她是一位可以称得上贤母的奇女子。

2023 年，黄一房村请人把墓志铭上的文字全部拓出来，于是，蔡廷臣写的碑文便较全面地展现在了人们眼前——当然，仍有极少数文字因太模糊无法认出，只得用“□□”暂代。通过墓志铭，人们了解到黄母王氏一些简单生平，尤其是她的独特的优良品德。黄母王氏原是州府太守王少锋之女，也是江州名门之秀，善良、美丽、谨慎、聪明，从小进入私塾学习，长大后知书达理，嫁与黄楠公后，她孝顺公婆，做事勤快，深得公婆喜欢。婆婆甚至对公公说过：有这样贤惠的媳妇，我们就不用那么忙了，家里以后的日子会更好。王氏待人彬彬有礼，遇事谨慎小心，又能拿出主意；她虽出身大户，却丝毫没有架子，能入乡随俗，与乡邻们的关系非常融洽……她的这些品行，在当地传为美谈。

万历十三年（1585），黄楠公不幸病故，王氏伤心不已，几度哭到晕死。醒来后，她告诫儿子：你的父亲虽然不在了，但他还有愿望没有实现。你一定要继承父亲的遗愿，发愤读书，以光耀门庭，长大后要为国为民做事，让你的父亲在地下安息。从此，王氏亲力亲为，管理家里所有大事小情，坚定信念，不害怕任何困难，把唯一的儿子培养成读书人。她儿子文焕学习认真，进步非常快，成为岁贡生，进入国子监学习，在读书人中很有名声。三个女儿也都培养得很优秀，大女儿嫁给庠生（即秀才）书嗣烈，二女儿嫁给千户王重薇，小女儿嫁给朝廷名臣、廉臣彭国光（官至都察院右佥都御史、宣府镇巡抚）。她的四个孙子，也都是读书人。她一家子孙女婿多为江右俊才。王氏通过刻苦努力，家兴业大，家庭日见丰盈起来，成为当地名门。

最为可贵的是，黄母王氏能深明大义，同情百姓疾苦。她时常接济穷困乡邻，送衣服和粮食，不求回报。遇有乞讨者，她也会尽可能地不让他们挨饿受寒。有几年，当地旱情严重，粮食大量减产，甚至颗粒无收。许多人没有东西吃，饿得头晕眼花，命悬一线。王氏看到这种情形，不忍心乡邻们活活饿死，毅然决定开仓放粮，赈济灾民。她把家里多余的粮食全部拿出来，分文不要地送到灾民手中，帮他们渡过难关，救人于危难之中。这种善行，感动了一方百姓，人们都纷纷称赞她为“贤母”。

难怪蔡廷臣在黄母王氏的墓志铭中这样写道："铭曰：于惟黄母，贞静贤良，忍死扶孤，宜寿而康，胡天默夺，奋忽云章。入兹吉宅，景垅之阳，山色秀妍，水流乎长，孺人懿德，配地无疆。佳城楚楚，万古斯藏，魂其采兮，胤祚永昌。"

这是蔡廷臣发自内心对黄母的赞美。就连她的安葬地，在蔡廷臣看来，因着这样一位贤母的来到，使得景色格外秀丽，成为胜景。黄楠公去世后，王氏寡居了12年，活到68岁，在四百多年前属长寿之人。她在地方上做了许多好事，道德品行感人至深，足以被人们视为典范。

彭国光：万历新政一重臣

刘为珍

明神宗万历期间，首辅张居正内饬吏治，外固边防，推行一条鞭法，十年之间，政绩卓著，中外乂安，海内殷阜，把濒于崩溃的大明王朝推向了“万历中兴”的黄金时代。提起这段历史，人们常把宦海浮沉、几起几落的吏部尚书、山西籍的王国光称为“万历新政”的策划者与推行人。通读明史方志，人们却忽略了江西籍的另一位名为“国光”的重臣，从清丈土地时的晋江县令，到整饬吏治的天津整饬副使，再到巩固边防的宣府巡抚，他才是踩着万历新政的鼓点一步一个脚印、一以贯之的忠实追随者与践行人。他，就是死于边关任所的宣府巡抚彭国光。

彭国光，字秀南，又字用卿，明江西九江府德化县（今九江市柴桑区）人，明万历八年（1580）庚辰科殿试金榜第三甲第二十六名进士，初任福建泉州府晋江县令。新任伊始，正赶上朝廷颁行“清丈令”，福建作为先行省份，于万历六年（1578）就开始清丈田亩，泉州府的惠安、安溪等县均“清”而不“丈”，走了过场。特别是在分巡佥事的包庇纵容之下，大户瞒田不报，有产无税；小民卖田不销，产去税存，税赋积弊，痼疾未除。彭国光在知府邹墀的支持下，顶着压力，步阡陌，舍郊坰，奉檄丈田，履亩定则，分级派产，汇登簿籍，稚叟无欺。清丈完毕，仅晋江一县就多出田亩数以千顷计，公粮也多出既往归仓四成。

清道光《福建通志》记载：万历十年朝廷下方田令，泉惠安、安溪二邑均拥浮粮于业户而已。晋江令彭国光励精集事，履亩定则，一概丈量洒派，计溢额一千四百八十顷有奇，而产米亦增五分之二。彭国光“履亩定则”的晋江模式很快推广至全国，并以方田为基础，在全国推行摊丁入亩的“一条鞭法”，国库充盈，仓廪富足，财政焕然一新，史载“太仓粟可支十年，周寺积金至四百余万”。作为清丈令的率先执行者，彭国光功不可没。

彭国光在贯彻清丈令中，秉公办事，剖决如流，不仅受到百姓的拥戴，还得到僧侣的赞誉。据方志记载，清乾隆间修复泉州镇国东禅寺，即南少林寺，“僧人修其旧址十分之一，兼祀知县彭国光，以彭曾为僧复寺田也”。也就是说，彭国光在明代万历年间为南少林寺收回了寺产，至清乾隆年间寺僧还念念不忘修寺兼辟祠堂来纪念他。21世纪初，泉州市西街台魁巷古厝一位姓粘的世居户，在开基建房时还曾发掘出一块五百余年前的明代古碑，碑文中就记载了泉州知府邹墀、晋江县令彭国光的方田政绩。从兼祠祭祀到勒石记功，足见彭国光在理政晋江期间有较高的声望。

在泉州东门外东岳行宫前，立有一块“皇明旌表贞烈碑”，墓碑上就刻有彭国光主政晋江时替民做主的故事。墓主姓许，为秀才林有栻之妻，其父许乔植，也是一位秀才。林有栻受聘于泉州一陈姓大户人家教书，陈家兄弟不和，弟投毒欲害其兄，林有栻误食身亡。陈家仗势庇护，凶手逍遥法外。万历九年（1581）九月，林有栻妻从乡下赶至泉州塾馆柩前，焚香自缢，以死抗争，替夫申冤。彭国光得知后，亲理此案，终将凶手绳之于法。次年，还申报朝廷，旌表林有栻妻的贞烈。

清道光《晋江县志》评价彭国光：“清修敏练，事无巨细，剖决如流。舞文之吏，怙资之豪，咸缩步捧心。征赋，为絜法钧校之，革除余羡，民以乐输。听讼，片言立折，两造咸服。行学宫，修古广，拔士之秀者，广厉督教，文学彬彬……盖廉能吏也。”

康熙《天津卫志》也存有记载：彭国光初任晋江县，举卓异，行取选户部，历工科、吏科。万历十七年（1589）以左给事中升本镇兵备副使，即天津整饬副使。在任期间，勇于担当，敢于作为，以身作则，不假辞色。饬驿递，防倭寇，修方志，政绩斐然。通津，位居京都门户，公文传递，官员过往，车水马龙，驿站馆所，任务繁重。尤其是当时万历惰政，朝纲不清，贪官污吏时有动用驿站人力财力者，驿递不堪重负。彭国光对持有“勘合”的朝廷命官，接待从简，对那些假公济私的官员不留情面，坚决抵制。他襄理海防边务，剿灭倭寇，保障了通津地方的安全。其间，他还续修了《天津三卫志》，并于他离任那年刊行于世。方志把彭国光整饬天津期间的政绩归纳为：“历任三年，美政难以殚述，而调停驿递之苦，经理防倭之务，乃其大者。”

万历二十年（1592）彭国光升任浙江参政，职级从三品。五年后擢任山东省提刑按察使司按察使。按察司，一省三司有其一，掌管一省刑狱司法大权；按察使，官至正三品，已跻身于一方大员之列。从浙江参政到山东按察使，由于资料所限，期间政绩不详，但仅从现已收集到的相关史料，也可以看出彭国光为官为人的一个侧面。清乾隆《德化县志》记载，彭国光“凡利害兴革有裨国是者，侃侃直言，不避权势……时，各省告歉，光捐历俸，解部资赈，远近德之”。用现代语言来陈述就是，彭国光在做言官、风宪官期间，敢于直言，不避权贵，置个人荣辱而不顾；主政地方时，遇有天灾，则倾其所有，将自己的全部俸禄都捐献出来，救民众于水火之中。

万历二十九年（1601）三月，彭国光升宣府镇第八十四任巡抚、都察院右佥都御史。宣府镇，东起居庸关四海治，西达山西阳高县西洋河，全长达1023里，位居要冲，拱卫京师，为明代九边重镇之一。宣府巡抚，因肩负着拱卫京师的使命，朝廷对出任巡抚的人选，无论是任职资历，还是官德人品，都有较高的要求。存录于《宣府镇志》的资料显示，历任巡抚，均是进士出身，曾出任过言官或风宪官，既敢于直言，又勤勉尽职，深受朝廷的信任。任职几年之后，通常都会升迁朝廷要职，或改任地方大员。如彭国光的前任王象乾，就是从宣府巡抚改任川湖总督，不几年工夫又升任兵部尚书，加太子太保，累加太子太师，官居一品，位列三公。后任马鸣銮也是于万历三十五年（1607）升任宣大山西总督，主管宣镇、大同、山西三镇军民政务，可谓是上马管军、下马管民的封疆大吏了。

“幕南秋色静王庭，月满边关夜不扃。北地胡儿能汉语，西陲宛马尽龙形。屯田督护休乘障，破虏将军早勒铭。干羽两阶文德洽，九重端拱万方宁。”这是张居正描写万历中兴时边关太平祥和的一首诗。然而，随着一代名相张居正的谢世，万历中兴的繁荣景象也乘鹤西归，一去不复返了。边防战备松弛，危机四伏。新任宣府巡抚的彭国光未敢懈怠，上为国家尽忠，下为百姓尽责。据《明神宗实录》记载，万历三十一年（1603）五月，地震，宣府巡抚彭国光奏请：“乞亟停矿税，以安人心而应地德。”

彭国光任宣府巡抚期间，最大的实绩应是在时任三镇总督杨时宁的支持下，牵头组织编纂了宣府、大同、山西《三镇图说》。图说集边镇形胜、要冲、防务于一体，既备防务方略，又配有实地图形，极具实用价值。该书于彭国光到任之初就开始筹划，历经三年采访编纂，终于在万历三十一年（1603）告成。彭国光在书序中陈述了他所以力主编纂的目的：“款久则虏气渐张，我备渐弛。以张乘弛，是惟不发，发将不支。故易戒既济，书儆无虞，是在今日矣！”也就是说他是从打赢未来的边防战争，怀着强烈的忧患意识去牵头编纂这部《三镇图说》的。

万历三十二年（1604）四月乙巳，这位忧国忧民的万历重臣殉职于边镇治所，万历皇帝敕赐半葬。其祖彭守仁、父彭举均诰赠通议大夫、宣府巡抚、右佥都御史，配黄氏，九江府德化县白鹤中乡栅岭寨（今九江市柴桑区狮子镇住岭村）儒士乐隐君之女，诰封淑人。

从初任时履亩定则的晋江县令，到殉职边关的万历重臣，彭国光一直坚持在万历新政既定的国策上，毕其终生，去诠释着圣贤的人生信念——国家兴亡，匹夫有责！

（此文原载于 2019 年 1 月 19 日《浔阳晚报》）

罗大佑：台南首任知府

刘为珍

在祖国宝岛台湾的台南市体育公园有座亭叫罗公亭，亭前有条路叫罗公亭路。这亭，就是为了纪念曾主政台南，造福一方的首任知府“罗公”而修建的；这路，也是以之而命名的。

罗公亭，修建于1982年，亭体八角八柱，亭顶翘角隆檐，朱柱紫瓦，富丽堂皇。每当明曦初启，罗公亭沐晨露，浴曙光，滋红润紫，熠熠生辉。亭冠上那颗红顶珠仿佛一颗跳动的红心。拾阶临亭，方亭中央竖有一方石碑，碑上立有一尊罗公半身铜像，铜像慈眉善目，身着便装，一百多年前的三品正卿已完全平民化了。像下的碑石上刻有时任台南市长苏南成撰写的《罗公亭记》。

位于台南市体育公园的罗公亭

“罗公亭者，前清台南知府罗公甘棠之余思也……殂谢后，台南士民，感激讴歌，思之不置，建专祠祠之，长志哀思。惜遭日据，祠毁而址莫考……今以本市体育公园新建，竹溪展翠，南坛迹近，盖公旧题咏所及者也。台南市延平狮子会吊怀旧德，爰建斯亭，以彰善政不朽之义。”亭记开宗明义记述了修建罗公亭的来由，称罗公亭就是台南人民为了缅怀前清台南知府罗公的政绩和功德而修建的。罗公谢世后，台南人民为感谢他的恩德，歌颂他的政绩，曾经修建了一座专祠来供奉他。只可惜在日本统治期间遭到毁坏，故址也很难找到。现在修建台南市体育公园，正临近罗公曾题咏的南坛、竹溪佳境处，台南市延平狮子会发起在体育公园修建罗公亭，以彰显罗公政绩，表达台南人民永远怀念他。

亭主罗公，名大佑，号谷臣，清代江西省九江府德化县白鹤西乡（今江西省九江市柴桑区狮子街道）人，是积劳成疾、死在任所的台南首任知府。览亭思人，顿悟造亭设计者用心良苦：这亭体八角有方，寓示着台南同胞对罗公的敬仰和缅怀乃民心所向，八方归朝；那亭盖顶珠洁如玉，赤如心，表明罗公署政台南，恪尽职守，鞠躬尽瘁，他把那颗赤诚之心献给了台南人民，台南人民也将世世代代把罗公留在心中；尤其是那尊铜像的造型，隐去了罗公戎马守边的威武，秉公执法的威严，在台南百姓的记忆里，罗公为民请命，替民做主，脱去官衣官帽，身着便装则使这位平民知府更为和善，更加可亲可敬。

方志有载：罗大佑，清道光二十六年（1846）生于九江府德化县白鹤西乡牌楼下书香之家。父裕琳，饱读诗书，为地方名儒，诰封朝议大夫。罗大佑自幼以聪颖著称，名冠庠序。十九岁拔前茅考取秀才，二十一岁再以优等成绩高中同治六年（1867）举人，二十五岁应礼部春闱，中同治十年（1871）进士。历任福建省建安、惠安、永安、晋江、闽县等知县。

光绪十年（1884），法军入侵福建，闽江、马江等海防要塞频频告急。朝廷派张佩纶以三品卿衔会办福建海疆事宜，统军抵御法军入侵。据《清史稿》记载，张佩纶入闽后，不听前线军官主动出击的建议，调集十一艘战舰在马尾船厂一带被动设防。直至法军集合战舰，递交战书，发动进攻时，张佩纶还在犹豫不决，派出他的学生魏瀚去求和，结果招致“马江海战”的惨败，十一艘战船被击沉九艘，参战八营兵力，三营被歼，五营溃散，马尾五虎山炮台基地被全部摧毁，他自己也落荒而逃。逃到鼓山脚下时，被当地百姓阻拦，他称自己是“会办大臣”，百姓也置之不理。他只好另择生路，逃往彭田乡。马江战败，省城福州自巡抚大员，到杂役小吏都惊慌失措，惶惶不可终日。时任闽县县令的罗大佑上马守边，下马安民，早把生死置之度外，衣不解带，马不卸鞍，日夜奋战在海防前线。光绪十一年（1885）初，罗大佑因战功卓著擢升福建海防同知。不久又领沙县令，兼行沙县政务。

光绪十四年（1888）春，台湾建省，刘铭传出任首任巡抚，召罗大佑出任台南首任知府。台南在设省之前历为台湾府治所，直到台湾设省，刘铭传才把省治迁到台北。由此可见，刘铭传对罗大佑的信任与器重。当时，罗大佑德配冯恭人溘然病故，正值“七七未满”悲恸之期。然而，罗大佑还是以国事为重，强忍内心悲痛，含泪赴任，并顺路抽查彰化、嘉义两县的税赋。时方酷暑，沿途多积水，罗大佑冒暑跋涉，亲履阡陌，按图抽丈，以“丈量不确累及民生为虑”，不辞劳苦，用两个多月时间清丈完毕。八月，即赴台南履职。

到任之初，台南吏治不整，廪库空虚，学馆荒废，社会动乱不安。尤其是彰化偏居一隅，民风剽悍，斗殴引发命案习以为常。民恃强凌弱，官执法不公，致社会秩序混乱，甚至连衙署门前也时常有恶棍歹徒扰民滋事。罗大佑根据多年的从政经验，再度从整饬吏治着手，理积案，白旧冤，伸张正义，除恶扬善。接着又狠抓社会秩序治理，涉远村，访巷里，问疾苦，济困安民。不到半年时间，悍吏恶霸销声匿迹。台南政通人和，百废俱兴。从市井商贩，至村夫野老，都奔走相颂，称新任知府“罗青天”名不虚传。百姓还自发为衙署挂上一块“青天白日”横匾。这年，罗大佑也因政绩卓著晋升道衔。

光绪十五年（1889），这位江西籍台南首任知府，又在台南大兴道德教化之举，拨专银，办学馆，教育兴邦。恰适这年府考，为端正考风，他亲任主考。文童试，他坐镇督察，亲自批阅试卷；武童试，他也亲临校场，现场面试步箭技勇。选拔了一批文武兼备的可造之才，推动了台南教育事业的发展。

这年四月初七，正值罗大佑大展宏图之时，他却积劳成疾，死于任所，享年四十三岁。罗大佑英年早逝，举台同悲。巡抚刘铭传、观察使唐景崧等具疏朝廷，光绪帝下旨诰封，追赠罗大佑为太仆寺正卿荫袭三品。

“旷野维舟地，孤村烟火遥。月明惊宿犬，风急落寒雕。往者忧淫潦，漂流万户凋。哀鸿渐安集，生计尚萧条。”这是存录于《栗园诗钞》中的一首叫《泊野》的五言律，从诗的意境中足可读出，这位首任知府在主政台南期间，有多少个日日夜夜是在访贫问苦中度过。在这位“往者”的心中，他担忧的是百姓的淫潦，操劳的是百姓的生计。

罗大佑理政之余，工辞章，乐咏吟，与同在台湾的施士洁、丘逢甲、唐景崧等名士常有赠答唱和，后人将他们的酬唱结集，编成了《四进士同咏集》。他个人也有《栗园诗钞》行世。

“罗公性情刚直，处事果毅，体察民情，秉公理政。一生嗜书画，乐咏吟，琴鹤相随。宦游二十余年，处膏腴之地而不自阔，家无寸土寸椽之增，囊无一分一文之积。”这是史家对罗公的评价。他，是位清官，也是位儒雅之士。“一亭胜景纪先贤，缅当年尽瘁台疆，巷里讴歌思太守；五马循声怀祖德，存手泽增辉史乘，栗园诗卷播清芬。”这是罗公侄孙罗其濡为罗公亭所题的一副楹联。罗公亭是一位清官在台湾的政绩见证，也是两岸同胞荣辱与共、一脉相连的历史见证。

（此文原载于 2022 年 2 月 18 日《浔阳晚报》）

蔡金台：首创中国农业办学的御史

罗克岩

蔡金台，字燕生，一字君啬，柴桑区人。光绪十二年（1886）进士，入翰林、授编修，光绪十七年（1891）出任甘肃省学政。甲午战争后，光绪二十二年（1896）曾在江西倡导成立高安县蚕丝学堂，该学堂被认为是中国最早的农业学堂。戊戌政变前后，蔡金台在京同刘学询、杨崇伊等来往密切，共同筹划弹劾维新派。光绪二十五年（1899）六月初又同刘学询、庆宽以“考察商务”为名前往日本抓捕康梁，回国后颇受庆亲王赏识。光绪三十年（1904）得充甲辰科会试同考官，后又出任湖北道监察御史。

蔡金台是翰林里著名的收藏家、书法家，名入《清代翰林书法家》名录。其书法成就颇高，书宗黄庭坚，能自出新致。用笔多方侧，露锋。点画瘦劲婉通，昂藏挺拔，而神闲意秾，极具飘逸之致。

一、独具慧眼识拔英才

光绪十七年（1891）蔡金台出任甘肃省学政，按临张掖时，应地方官之请，为当地的科举、教育设施撰书楹联。其中为甘州贡院撰书的门联写道：“圣贤之道无穷，看东西川二水争流，终归大海；国家以文取士，愿新旧学双方并重，始见英才。”蔡金台重才，在甘肃以善于取士而闻名，慧眼识拔人才，使甘宁青一带人文蔚起，很多人考中进士、举人，也出了许多名臣、学者。他在视察兰山书院时，看到全省各州县才俊荟萃其中，诵读诗书，考中举人、进士者甚多，对兰州进士张国常多年辛勤造士的精神，甚为嘉许。

光绪十八年（1892），蔡金台出任学政的第二年，按临庆阳府时，一个十六岁的镇原少年应童子试，所作八股文及试帖诗出语不凡，学政大人阅卷后大喜，纵笔写上评语："甘之俊人也，必速飞矣。"遂拔为第一，成为县学生员。此人正是后来主笔《甘宁青史略》的西北学者慕寿祺。光绪二十四年（1898）慕寿祺被选拔赴北京廷试时，常去蔡金台寓所拜访，蔡常命慕寿祺为其捉刀，代为撰写应酬文字。维新派翰林宋伯鲁为蔡金台的同年，多次在蔡寓见到慕寿祺，蔡即为宋介绍道："此凉州高士，寝馈《史》《汉》，熟读《文选》，他日著述，必大有可观。"宋半信半疑。后来宋看到蔡的应酬文字，骈四俪六，文采飞扬，大为赞赏。蔡说此为门生慕寿祺代拟，宋即索要原稿，展纸一览，大为称奇。十年后，慕寿祺又去北京，向大总统上书建言献策，宋读其书，发现所言皆为经世治国谠言，称许慕为陈同甫一流人物。陈同甫就是南宋思想家陈亮，为人才气超人，喜谈兵，曾作《中兴五论》，反对议和，力主抗金。1924 年，慕以甘肃省议会议长资格，赴北京参加参政院善后会议时，宋在旅馆看望慕，问近来著有何书，以无回答。不意六年后，慕著成《甘宁青史略》40 卷赠宋，宋阅后认为此书博大精深，不遗不滥，更为相信蔡金台所言非虚，并感叹道："燕生在者，其愉快为何如也！"

甘肃李于锴集志士、循吏、学人于一身，很受蔡金台器重。在光绪二十一年（1895）"公车上书"事件中，李于锴等 61 名甘肃举人在康有为起草的《请废中日马关条约》的请愿书上签了字。为了进一步表达反对的决心，李于锴还联合全省 76 名举人，领衔起草《请废马关条约呈文》，反对赔款，反对割台湾。也是这一年李考中进士，后来任山东蓬莱知县、沂州知府，开煤矿，办学堂，被尊为"贤太守"。时袁世凯任山东巡抚，与李有上下级关系。民国二年（1913）春，袁世凯任大总统，即任命李为甘肃省警察厅厅长，李因为深恶袁的为人，坚辞不就，从此闭门读书。

二、深刻洞察古今之变

甘肃学政衙门设在兰州今武都路城关区保安服务公司址，其全称是"甘肃提督学院署"，之所以加"提督"衔，是因为兼考武生之故。故武都路、酒泉路至静宁路段曾叫学院街。学政任期三年，蔡金台三年内出入兰州，按临甘宁青各州县直隶州，因此了解甘肃形胜。他曾对慕寿祺说，兰州虽不如宁夏宽平，也不如青海险要，但是兰州地据全国之中心，因此将来的战略地位相当重要。有些人讥笑此说，慕寿祺则深信此说。

民国初年，孙中山将兰州定为"陆都"，规划建 13 条铁路通过兰州，以与"海都"南京相对应，以突出兰州的战略地位，强调内陆要与沿海共同发展。抗战爆发，兰州成为抗日大后方，蒋介石派其子蒋经国秘密考察兰州，拟在战事恶化时，移都兰州，再度突显了兰州战略地位的重要性。"一五"期间，国家将兰州列为新兴工业城市。

20 世纪六七十年代中苏关系紧张时，“准备打仗”，将兰州划为三线重要城市，迁入了一批重要的军工企业。21 世纪初，国家决定西部大开发，兰州即成为重要的开发城市。这一切都与兰州地处中国地理中心的战略位置有关，也表明蔡金台的预言是有一定道理的。

三、 始创中国农业办学

1895 年，中日甲午战争清政府战败后，光绪皇帝励志维新，试办实学。在时任两江总督张之洞、江西巡抚德馨等人的支持下，蔡金台等人于 1896 年率先在江西高安设办蚕桑学堂，自编教材，考求种植，开讲种桑养蚕课程，是为清中央政府批准的第一所农业学校，也是中国近代第一所农业学校。此后，江西的农学办学始终未曾间断，出现不少农业“大家”，为中国农业培养了大量人才。

后来，江西布政使翁曾桂认为，只在高安设立一所蚕桑学堂，难以满足全省蚕桑经济的发展，必须广兴蚕桑学堂。同年 4 月，在南昌开办江西蚕桑局，内设江西蚕桑总学，全省的蚕学由蚕桑局总办，并委托《蚕桑说》教材的编写者江毓昌协理，蚕学中心从高安转移到了省城南昌。江西巡抚德寿曾经向光绪皇帝奏报了江西创办实学的情况，1897 年上海《农学报》报道了江西蚕学的盛况，说明当时江西蚕学在全国影响不小。

1903 年，江西蚕桑局划归江西农工商矿总局，并且设立农事试验场，承接蚕桑，展开农事试验与农学专科教育。后来历经江西实业学堂、江西高等农业学堂、江西高等林业学堂、江西公立农业专门学校、江西中山大学农业专门部、江西省立农艺（农业）专科学校、国立中正大学、江西农学院、江西共产主义劳动大学，直到 1980 年 11 月更名为现在大家都熟知的江西农业大学。江西的农业办学先行于全国，农业教育绵延不断，江西培养的如龙钟泇、胡先骕、杨惟义、王云森等土壤学、植物学、昆虫学领域的大家，对中国农业做出的贡献不可替代，这些都得益于蔡金台首创中国农业办学之功。

四、积极参与晚清政治

戊戌政变前后，蔡金台在京同刘学询、杨崇伊等关系密切，共同筹划弹劾维新派。后来，邓之诚在《骨董琐记全编》中刊布了蔡金台写给李盛铎的两通密札，被称作“蔡金台密札”，揭示了戊戌政变的真相内幕。光绪二十五年（1899）六月初，蔡金台随同刘学询、庆宽以“考察商务”为名，前往日本抓捕刺杀康有为、梁启超，当刘学询、庆宽一行到达日本时，康有为已由日本政府礼送出境，由于各派势力的关系，抓捕、刺杀在日本的梁启超、王照等人的行动没能实施。回国后，蔡金台颇受庆亲王赏识，光绪三十年（1904）得充甲辰科会试同考官，后又出任湖北道监察御史。

光绪三十二年（1906），蔡金台曾与御史赵炳麟、吏部主事胡思敬一起反对设立责任内阁。由于守旧派大臣强烈反对，慈禧最终否定了袁世凯的责任内阁，让内阁制的争论以袁世凯的失败而告一段落。

丁未政潮中，蔡金台于光绪三十三年（1907）十一月初五，出面弹劾袁世凯政敌岑春煊之弟岑春萱，指责其“庸陋无识，骄庸溺职，迷信星卜，曾招致现犯死罚监押，江夏县之相士名华楚善，处之幕中，行香拜客，皆令课其吉凶”。

罗裕樟：九江现代教育先驱

罗克岩

罗裕樟（1859—1938），讳裕枢，字幼芗，号伯诚，裕樟为其榜名。柴桑区狮子街道仲山村罗家中门村人，清末民初著名学者。参与《辞源》筹编，是《中华大字典》分辑者、《辞海》编辑者、《清史稿》协修，还是九江市柴桑小学前身德化高等小学堂创办人。

清咸丰九年（1859），罗裕樟出生在书香门第。曾祖父罗裔辉在乾隆六十年（1795）乙卯乡试以第十六名考中举人，以知县候铨，例授文林郎，诰赠资政大夫翰林院庶吉士，广东尽先补用知府加五级。祖父罗丰璐是太学生，诰封朝议大夫翰林院庶吉士，即补军民府，晋封资政大夫，尽先补用知府加五级。父亲罗泌隆候选盐大使，例授修职郎。

据《罗氏宗谱》记载，罗裕樟天生聪颖，自幼博览群书，披靡经史，曾抄写《康熙字典》三遍。可见其于学业用心之深，用功之勤。光绪五年（1879），罗裕樟县试取秀才。光绪八年（1882），科试取古超等第二名，升为廪膳生员。后保送经训书院、友教书院、豫章书院、濂溪书院，屡获佳绩。光绪十一年（1885），乙酉科试取古超等第三名，考取拔贡第一名。清代有恩贡、副贡、岁贡、优贡和例贡，但都没有拔贡有名。拔贡在清代有才子之称，在朝野是负有盛名的风流名士，在社会上拔贡比一般举人声望更佳。光绪十七年（1891）辛卯科乡试，罗裕樟中举人。光绪十八年（1892），罗裕樟赴京会试，没想到名落孙山。

罗裕樟羁留北京十余年，他在宗学任教习，后在北京大学堂任分科监督。虽然科举不顺，屡次参加会试而不第，但是，这十多年接触的新思想，以及在北京大学堂担任分科监督的经历，改变了他的后半生。

1903 年，罗裕樟回到家乡九江后，把精力投入办学上，走上了教育救国的道路。

晚清时期以康有为、梁启超为代表的维新派人士，通过光绪帝进行倡导学习西方，提倡科学文化，改革政治、教育制度，发展农、工、商业等的资产阶级改良运动，实行“戊戌变法”。变法失败后，以康有为、梁启超、严复等为代表的废科举、兴新学、办学堂，向西方进步文明学习，以求国家富强的思潮却深入人心。

清政府为了缓和人民对政府的不满情绪，维护其摇摇欲坠的封建统治，光绪二十七年（1901）开始新政，即发布废除科举、兴办学堂的诏令。改革教育就是新政的重要内容之一，改革的方法是将各地的书院一律改为学堂。原设在省城的书院改为大学堂或高等学堂，直隶州、各府厅的改为中学堂，在各州县的改为小学堂。在这种背景下，罗裕樟创办了德化高等小学堂。

光绪二十九年农历八月初五（1903 年 9 月 25 日），罗裕樟创办了德化高等小学堂。校址设在市区老考棚（即科举试院）隔壁五邑宪公所内，这里是九江府管辖的德化、德安、瑞昌、湖口、彭泽等五县联合办公常设机构所在地。同一天，上海《申报》全文刊登了《江西德化高等小学开办章程》。

章程对学堂编制、干部职责、经费开支、学规课程、考试、奖惩及读书纲领等，均做了具体规定。如学校开设课程：修身、读经、作文、写字、史学、算学、西学、地理、体操、理科、图摄、读古文。其中“算学”包括加减乘除、繁数、度量衡、分数、比例、平面几何、直线、立体几何、代数、加减分数方程，大大超越了现今小学数学学习内容。“体操”包括体操、武术、兵法等。“图摄”包括素描和军事地形、地图学。“读古文”则有诗赋词歌、农工商实业内容。与以应对科举考试为主的私塾、书院等传统教育有着截然不同的区别。江西德化高等小学作为九江的第一所新式学堂，传播了新知识，更传播了新思想，为九江带来了科学思潮。

创办新式学堂的同时，罗裕樟还在京师大学堂第七任校长刘廷琛家设的私塾执教。据台湾《文讯》杂志（2011 年 10 月）、《罗氏宗谱》记载，乡贤蔡公时、魏道明、刘寿鹏、刘六一、张云西、彭克勤、王漱汝等人均为罗裕樟的门生。蔡公时被称作“外交史上第一人”，是在“济南惨案”中牺牲的抗日烈士。魏道明是民国政治家、外交家，曾任民国政府司法行政部部长、南京特别市市长、行政院秘书长、驻法国大使、驻美国大使，1947 年任台湾省首任主席。

民国元年（1912），罗裕樟再度离乡，这次去的是上海，成就了他这一生最辉煌的事业。罗裕樟在上海参与了中华书局《中华大字典》的编纂，是该书分辑者之一。中华书局《辞海》初版的编辑者中有罗伯诚，罗伯诚就是罗裕樟的号，因此他还是初版《辞海》的编辑者之一。另外，他还是《清史稿》的协修者之一。这三部书籍都是传世经典，也可以说是文化宝藏，任何一位参与编纂者，都是某一领域的顶级专家、学者，罗裕樟以一己之身参与了三种典籍的编纂，即使不是绝无仅有，也非常罕见。

据相关记载，民国元年（1912）罗裕樟离开九江，是受商务印书馆邀请，赴沪参加《辞源》编纂，遗憾的是在第一版《辞源》列出的50位编校者名单中，却查找不到罗裕樟。1906年，商务印书馆成立辞典部。1908年，《辞源》开始编纂。1915年9月，一版一次印刷，10月发行。从筹备到印刷，前后经历了十年时间，或者因为承担工作的原因，或者是其他什么原因，姓名没有列入也可理解。另外，《中华大字典》初版1909年开始编纂，1914年编成，1915年由中华书局出版。因此，也可能参与《辞源》编纂是一种误传，实际参与的是《中华大字典》的编纂。但是，即使没有参与《辞源》的编纂，也丝毫不损罗裕樟先生的学者形象。他对中国文化做出的贡献，应该被世人永远铭记，足以树为后世榜样。

1932年1月28日，日寇突袭上海闸北，制造了“一·二八”事变，罗裕樟离开战乱中的上海回到九江。1937年，九江商人张茂芝邀其登庐山避暑，与民国元老林森、李烈钧、许世英、冯玉祥，名士吴金镖、魏调元等，吟唱酬和遣怀寄兴。1938年7月26日，九江沦陷，落入日寇之手。罗裕樟以老迈之躯，开始逃难，不幸病逝于南昌火车站，一代学人魂落异乡，直到抗日胜利后才迁葬于九江马宿岭，归葬故里。

贤母桂大媛：教子有方著义名

徐增裕　徐常炎

桂大媛，出生于清光绪九年（1883），系当时县邑沙河名门富户桂鳌峰之女，幼时读书习字，成人后端庄秀丽，举止大方，知书达理，品行高洁，20岁时嫁与本县著名乡贤、辛亥革命时中国同盟会会员罗大佺（字惺予，人称“罗九先生”，今狮子镇牌楼村人）之子罗德镳为妻，两家堪称门当户对。婚后桂在罗家生育六男一女。她一生相夫教子，操持家政，辛劳为人，扶贫济困，晚年积劳成疾，于1953年病逝，享年70岁。

桂大媛由于受到娘婆两家良好的文化教育、家风熏陶，聪明贤惠，孝敬父母，教育子女，周济乡邻。她52岁丧夫，独撑门户，管理家务，含辛茹苦，送子读书，为七子女寒窗苦读筹集资金，悉心调教，勉励他们勤奋攻读，传承书香，学业有成，报效祖国。由于母教有方，六个儿子个个刻苦向上，都获得了大中专文凭，成为国家的有用人才，步入社会后分别参政、行医、经商、务工、执教、从军等。

长子罗其泽（字光祖）毕业于北京私立朝阳大学法律系，曾任国民党南昌军管处法官、江西余江县法官，秉公依律，清正廉明。晚年著有《怒毫集》。

次子罗其溥（字继祖）中专毕业，抗战时期，在省农业厅下属单位主管财经，后回家接管家务，并为邻里乡亲做好事善事。

三子罗其渊（字绳祖），在全面抗战爆发后，奔赴前线为将士疗伤治病，并担任敌后援委会主任。抗战胜利后任江西赣县卫生院分院院长期间，他奉行救死扶伤的人道主义，为白姓治病，解除疾苦，对穷人则先治病后交钱，确有困难者减免费用，表现了极大的仁爱之心。罗告老回乡后谨遵母训，仍以行医治病、悬壶济世服务乡邻，医术医德为当地人敬仰。晚年著有《书怀集》。

四子罗其澄（字绍祖）又名罗漠，国民党省立九江师范毕业，1938 年 10 月，投笔从戎，参加国民革命军新编第四军，奔赴抗日前线，翌年加入中国共产党，后随陈毅等抗日名将转战大江南北，身经百战，多次负伤，屡建功勋。曾任团政治处主任、师后勤处政委、华东气象处（原国民党的雷达研究所，由解放军接管）政委。中华人民共和国成立后，于 1960 年奉调创办中国第一所气象高等大学——南京气象学院，并被周恩来总理任命为院长兼党委书记，后又任南京气象台台长。行政高干 9 级（省部级）。他为抗日战争胜利，为中国气象事业发展做出了巨大贡献。著有《书剑集》《书剑风尘录》等，为后人留下了宝贵的精神遗产。1949 年，在解放上海战役中负伤，胜利后回归故里拜谒祖墓，探望母亲兼养伤，赋诗二首："山河变色我归来，万户千门尽劫灰。慈母抚伤悲喜泪，我儿战罢果生回。""百战归来拜墓前，王师今已定中原。九泉好释兴亡恨，雾敛台澎月怒圆。"他诗情画意地表达了爱党、爱国、爱家乡、爱亲人的博大胸襟与情怀。

五子罗其濡（字耀祖），国立中正大学化学工程系毕业，1948 年去到中国台湾，任成功啤酒厂厂长，曾以专家身份奉派泰国授建啤酒厂。

六子罗其湘（字梦祖），国立中正大学经济系毕业，曾在南京、徐州大学执教 40 年，教授职称，学识渊博，专攻历史，是中国"徐福学术研究会会长"，曾两度访问日本，促进中日文化交流。著有《徐福——弥生的虹栈》《东渡蓬莱第一人》《徐福考论》《东匡杂集》《栗园文史》存世。

桂大媛除教育自己的子女读书学习外，还十分关心左右乡邻子女读书，在家积极协助丈夫罗德镳创办当时的清修寺高等小学、栗园小学。她与丈夫商量好，不论谁家的孩子，只要会读书、愿读书一律收授，穷人家的学俸钱采取减免办法，先让孩子上学入读。他们奉行孔子"有教无类"的办学理念，深受百姓好评。她自己的六个儿子都是从这个学校启蒙后成为优秀学子、栋梁之材的。

贤母夫家官宦，几代书香门第，家境殷实，人丁兴旺，在九江县很有名气，在牌楼村是一大旺族。但罗家从不仗势欺人，以强凌弱，盘剥穷人。罗母心地善良，慈祥仁厚，关爱乡邻，谁家有困难她都解囊相助。每逢灾荒年成则给佃户减免田租。邻里家有口角是非，她都从中劝说调解，是非分明，主持公道，深得大家拥戴。

时至今日，罗母嫡脉后人二百余口，除散居在国内九江、北京、上海等城市外，还有侨居美国、法国、加拿大、澳大利亚等地的。老人是家庭的福星，乡邻的救星，德泽后人，誉满乡里。出身名门旺族、书香世家的她堪称一代贤母，懿德千秋。

（原载于《母范天下》）

罗其澄：南京气象学院创始人

刘为珍

孔明借东风，周瑜用火攻。曹操败兵走，关羽守华容。历史上著名的赤壁之战，诸葛孔明借来东风，功不可没。可是，在火烧赤壁中起着至关重要作用的东风，究竟是孔明当场作法“借”来的，还是事先日察地理、夜观星斗“算”出来的？千百年来，这一借一算，孰真孰幻，诸葛孔明也就在这借算真幻之间演化成一个神化了的历史人物。

在科学发达的今天，能准确预报近期的天气已不再是什么神奇的事了。刚跨进21世纪，南京信息工程大学（以下简称“南信大”）就发布了自主研发的“地球系统模式”，它不仅可以预测带来极端天气的“厄尔尼诺”和“拉尼娜”等现象，还可以预测全球气候重大天气灾害，乃至地球环境的演变。据报道，在中国科考船“雪龙号”的破冰突围和MH370失联航班的搜救中，地球系统模式对海洋环境的预报都发挥了重要作用。南信大，这所上精天文、下通地理的高等学府，前身为南京气象学院，学院的主要创始人罗漠，就是江西九江人。

1954年罗漠（中）出席匈牙利国际气象会议归国时机场照片

罗漠，名其澄，号绍祖，民国五年（1916）

正月初八出生于九江县白鹤中乡（今九江市柴桑区狮子镇）牌楼村一书香门第。从祖父辈数起，伯祖父罗大佑，进士出身，为宝岛台湾首任台南知府；祖父罗惺予，举人，厌恶封建官场，投身于民主革命，为辛亥革命先驱，曾受孙中山的邀请参与了《临时约法》的起草与修改；父亲罗铁夫，一生不仕，致力于家乡教育，为家乡培育了大量有用之才。罗漠自幼受教于父，受到良好的家庭教育，后考入省立九江师范学校。1938年师范毕业，投笔从戎，参加新四军。历任新四军三支队文化教员、政治指导员、宣传科科长、组织科科长、政治处副主任、政治委员等职。在抗日战争和解放战争时期，转战大江南北，参加过运河阻击战、盐城、淮海、渡江、上海等重大战役。身经百战，出生入死，三次光荣负伤。中华人民共和国成立后，长期从事气象科研及教育工作。1949年，任华东空军司令部雷达研究所政委、华东气象处政委。1952年9月，任中央军委气象局中央气象台政委兼台长。1954年，任中央气象局党委副书记、党组成员。1962年10月，奉调创办南京气象学院，历任学院党委副书记、副院长、书记、院长等职。为国家气象事业的发展殚精竭虑，做出了杰出的贡献。

“夜月晨曦，偶憩亭前思创业；春风雨露，同为海内育英才。”这是罗漠在南京气象学院成立23周年的一副题联。这副对联，对仗工整，韵味悠长，足见撰联人的文字功底。从内容来读，这字里行间无不让人品味出一位创业者当年的艰辛与成功后的喜悦。如今，南京气象学院校名早已更改，学院也升格为大学，领导换了一任又一任，但在师生中仍流传着老院长对学生教严于父、疼爱如子的那段佳话：建院初期，时逢三年困难时期，国家困难。首任院长罗漠在一次例行巡课中，发现一个学生打着赤脚走进教室。向来以治军标准来管理学校的罗院长，当场责问这位赤脚生为什么不穿鞋。这位学生脸涨得通红，低下头细语回答：“报告……鞋……洗了……还没干……”问明缘由，得知这位从农村出来的学生，因经济困难，仅有一双布鞋，脱鞋洗，等鞋干。老院长双眉一皱，转身离开了。第二天，从不喜欢逛商店买东西的老院长，将亲自购买的两双球鞋交给了这位学生。后来这位学生走上社会，广施爱心，职至某省气象局局长。每逢同窗相聚，他总是饱含热泪提及此事，由衷感慨：“我当年从老院长手里接过的不是两双球鞋，而是终生难忘、催我奋进的两座金山！”

1996年1月6日，伴随着建院35个春秋，罗漠在南京逝世，享年80岁。时任院长孙照渤主持告别仪式，书记屠其璞介绍了其生平，对罗漠的一生尤其是对学院的创建与发展予以了高度评价：“南京气象学院35年历史记载着罗院长的丰功伟绩，学校的一砖一瓦、一草一木都凝聚着罗院长的心血，铭刻着罗院长的身影。35 年来学校培养的万千桃李、万千学子都将永远铭记罗院长的教诲。我们永远怀念我们学院的创始人——罗漠同志！”

罗漠，不仅对中国气象科学的发展做出了巨大的贡献，且文化功底深厚，能文学，善书画，博学多才，有作品《书剑集》存世。

（此文原载于 2019 年 3 月 16 日《浔阳晚报》）

罗其湘：徐福入海东渡追踪人

刘发龙

1972 年 9 月 27 日，毛泽东主席在北京中南海接见了日本内阁总理大臣田中角荣，结束了两国敌对的紧张局势，催生了《中日联合申明》，中日邦交开始步入正常化。1978 年 10 月 23 日，邓小平与日首相福田纠夫出席了签署《中日和平友好条约》仪式，中日缔结为友好邻邦。正在中日邦交关系渐渐升温之时，1984 年 4 月 18 日，《光明日报》发表了题为《秦代东渡日本的徐福故址的发现和考证》，在中外学界产生较大反响，为中日关系升温加了一把火。一批批日本国民竞相来到中国，探访徐福故址，寻找入海东渡遗踪，一时引起了中日两国“徐福热”。这篇文章的作者，就是九江籍地理学家罗其湘教授。

罗其湘教授（右）与日本前首相羽田孜（左）合影

罗其湘，字梦祖，号东匡。民国十二年（1923）九月二十六日出生于江西九江县白鹤西乡（今狮子镇牌楼村）的书香门第。先祖罗惺予，辛亥革命元老，曾与民国要员林森、吴铁城一起领导了九江辛亥革命，任驻浔军政府政务长（林森任副政务长）。伯祖罗大佑，台南首任知府，太仆正卿。父罗铁夫，曾任清修寺高等小学校长，一生淡泊功名，热衷教育，造福乡梓。罗其湘随父启蒙于清修寺小学，抗战期间，又随兄就读于省立赣县中学，1948 年，毕业于江西国立中正大学经济系。先后在华东空军后勤部、南京八中、南京师范学院、徐州师范学院任教，历任讲师、副教授、教授，为中国民主联盟盟员。

罗其湘，作为一个执教终生的学者，“平生致学所教皆为苍生”。正如他的学生田崇雪博士在《万古浔阳松菊高》一文中对他所做的评述：早年毕业于中正大学经济系的罗其湘先生，其志趣并不在“经济”，而偏偏在“地理”，对“地理”感兴趣又偏偏不止于“地理”，而将视野又扩及“历史”。先生虽以“徐福研究”名世，但却不止于“徐福研究”，在研究视野更迭、转换的过程中，罗其湘先生始终围绕一个原则，那就是“平生所学为苍生”。

罗其湘在学术界一鸣惊人还是从他早年致力于中国农业旱风的研究开始，发表于 1966 年第一期《地理》杂志上的《试谈我国的农业旱风》，堪称为中国较早的对“农业旱风”研究的重要文献。中国是农业大国，如何减轻旱风对农业的灾害，这一事关国计民生的重大研究成果，不仅在当时产生了巨大反响，至今仍不失其价值和光芒。他的徐福研究是从 20 世纪 80 年代开始的。

1982 年 8 月，年届花甲的罗其湘受命编写《江苏地名词典》，到赣榆县搜集地名普查资料，金山公社一个叫“后徐阜”的村名和传说引起了他的极大关注。徐阜村，原名徐福村，传说是秦始皇派往东瀛采长生不老仙药的方士徐福的故里。徐福，又名徐市，为齐琅邪（今山东胶南）方士。曾奉秦皇之命，率三千童男童女远涉东瀛以求长生不老仙药。最早有关徐福的记载是司马迁的《史记·秦始皇本纪》：“既已，齐人徐市等上书，言海中有三神山，名曰蓬莱、方丈、瀛洲，仙人居之。请得斋戒，与童男女求之。于是遣徐市发童男女数千人，入海求仙人。”《史记》全书记载徐福的人和事，多达五处。其中，《淮南衡山列传》明确记载了徐市入海求仙人的归宿：“徐市得平原广泽，止王不来。”即徐市在寻求仙药途中，得到一方土地平旷、湖泊众多的泽国就安顿下来，立国称王，再也没有回来。之后，《三国志》《后汉书》《隋书》《太平寰宇记》《山东通志》等国史方志，相因承袭。甚至日本的《神皇正统记》《同文通考》《日本名胜记》等也不绝于史。后世取为题材的，也不绝于文。

“秦皇扫六合，虎视何雄哉！挥剑决浮云，诸侯尽西来。明断自天启，大略驾群才。收兵铸金人，函谷正东开。铭功会稽岭，骋望琅琊台。刑徒七十万，起土骊山隈。尚采不死药，茫然使心哀。……徐市载秦女，楼船几时回？但见三泉下，金棺葬寒灰。”这是唐代诗人李白《古风》中的诗句。撇开诗的主旨造诣，仅以徐市的人和事为例，足见其广为流传的社会影响。

然而，由于徐市的方士出身，加之率童男童女远渡东瀛是去寻仙求药，这就给徐市这一历史人物和事件披上了神秘的面纱。历史上的徐市，是确有其人，还是传说中的神话人物？典籍中的平原广泽，是东瀛日本，还是虚构中的仙岛幻境？千百年来，一直为鸿儒学究累世争论、喋喋不休的历史悬案。

机会，对有志者来说往往会投入更多的青睐。就像一颗普通的苹果落地砸出伟人的智慧火花而发现地球引力一样，敏思博学的罗其湘也在不为人们所关注的地名与传说中深刻地认识到徐市故址发现的重要价值。他在专著《东渡蓬莱第一人・前言》中写道：“觉得这是一个涉及中国古代史、日本古代史和古代航海史等多方面的重大历史课题，假如真能考证出徐福村确系徐福故里，那就不仅可以反馈司马迁《史记》所载徐福事，是史实不是神话，而且还为我们今天提出了与日本有密切关联的国际关系上的一个大问题……具有重大历史意义。”

罗其湘全身心地投入徐福故址的考证之中，从实地勘察到典籍查阅，从徐福村徐福庙俯手可拾的秦砖汉瓦到载录有关徐福的国史方志，罗其湘一头扎进“徐福故址”里，广征博引，上下求索，整整用了一年又八个月的日日夜夜。一篇4000余字题为《秦代东渡日本的徐福故址之发现与考证》的力作，终于于1984年4月18日在《光明日报》史学版头条发表，引起中外学界极大关注。次日，日本《朝日新闻》又在显著位置全文转载。国内十多所高等院校的学者也做出了迅速的反应。一时由“徐福故址的发现与考证”，引发了波及中日两国的“徐福热”。

1987年，罗其湘因势利导，组织全国12所高校和科研单位，在江苏徐州师范学院召开了首届全国“徐福学术讨论会”，出版了全国第一本《徐福学术论文集》，成立了第一个徐福学术研究机构，先后多次接待日本佐贺等学术代表团。中日两国就徐福研究建立了长期密切的合作关系，罗其湘也被誉为“徐福入海东渡追踪人”。

1989年，罗其湘应东京中日交流中心和佐贺中日友好协会邀请，第一次出访日本，先后访问了东京、佐贺、福岗、熊本、八代等地，所到之处受到日本友人的盛情接待和热烈欢迎，在徐福登陆地佐贺诸富汀，受到当地官员和市民的夹道欢迎，考察了吉野个里遗址，进行了徐福学术讲演，接受电视台专题采访，在东京拜会了中国驻日大使杨振亚，受到新华社东京分社朱荣根社长的宴请。

1995年4月，古稀的罗其湘再度应邀出访日本，在东京众议院议员会馆里，拜会了徐福及随员的后裔，受到日本第八十任首相羽田孜的热情接见，并合影留念。

2003年4月，罗其湘在家乡九江病逝，享年81岁。有《东匡杂集》《徐福——弥生的虹栈》《东渡蓬莱第一人》《徐福考论》等专著行世。

（原载于2010年6月8日《寻庐人文》，收入本书时有改动）

红学家、文学理论家罗德湛

罗克岩

罗德湛（1927—2010），笔名“罗盘”。江西省九江市柴桑区狮子街道仲山村罗家中门村人。红学家、文艺理论家、小说家，中国台湾文化大学退休教授。中国台湾“中山文学奖”“文艺协会文艺评论奖”奖章获得者。历任中国台湾文艺协会文学评论委员会主任委员，文艺协会、作家协会、作家艺术家联盟、青溪新文艺学会理事和监事。出版《红楼梦》研究、文学理论著作及小说多部。

1934 年，罗德湛跟随在湖北省政府任职的父亲离开家乡，赴武昌读书。1938 年，日寇侵占武汉，举家逃难，转辗至湖南。回忆这次逃难的结局，罗德湛悲痛地写道：“母亲客丧郴州。衡阳会战后，父亲与长兄及幼弟生死不明，抗战胜利均未回乡，不知死于何时、丧于何地。”16 岁那年，罗德湛“因贫辍学，无以为生，乃随过境部队从军”，从此参加抗日战争，从南到北征战，随部队到达西安。抗战胜利以后，住在西安郊外的兵营，他说这段时间最大的乐趣，就是以一枚金戒指做抵押，在西安城一家规模较大的书店租书读。罗德湛回忆说，读过的书中对他影响最大的，是老舍先生创作的写作经验谈——《老牛破车》。读这本书时，罗德湛心中产生了一个念头：“希望有一天自己也能写出这么一本书。”

1951 年，罗德湛在台湾参加了文艺协会小说研究班。李辰冬博士是这个研究班的主持人，1979 年李博士为罗德湛的《红楼梦的文学价值》一书写序言，回忆罗德湛参加研究班的这段往事时称赞道：“成绩非常优异。”因此，李博士后来主持中华文艺函授学校时，邀请罗德湛批改小说班学员的作业，时间长达五年。在此期间，罗德湛结识了不少热爱小说写作的朋友，也接触到了许多与小说写作有关的实质问题，陆续写出一系列小说研究论文，其中有七篇被作为函授学校的教材。1970 年，他以这些论文为主，结集出版了《小说写作基本论》《小说写作研究》两部文学理论著作。1971 年，台湾文艺协会评选第十二届“文艺奖章”，罗德湛（笔名：罗盘）因这两部文学理论著作获该奖章中的“文艺评论奖”。

1959 年，罗德湛从军队退伍，通过考试转入政府部门工作，任台北故宫博物院人事行政专门委员。其间，入政治大学进修，因有专门学术著作，获聘该大学讲师，讲授小说课程。

50 岁以后，罗德湛的创作进入一个丰收期。1979 年出版《红楼梦的文学价值》（多次再版），1980 年出版《小说创作论》（1990 年再版），1986 年出版《四说论丛》（《三国演义》《水浒传》《西游记》《红楼梦》），1991 年出版《〈红楼梦〉的文学本体》（1991 年台湾出版后，2002 年由河北教育出版社出版），2000 年出版《三国论评》、长篇小说《高山青》、短篇小说集《雨后斜阳》，2005 年出版文学理论著作《文学之怒》。

《红楼梦的文学价值》奠定了罗德湛在红学界的地位。1979 年出版时，中国台湾报界就因此把“罗盘”称为“中国古典文学的领航者”、导师级的“红学人物”。《〈红楼梦〉的文学价值》出版当年，罗德湛被推举为台湾文艺协会文学评论委员会主任委员。《〈红楼梦〉的文学价值》出版的第二年，也就是 1980 年，在中国台湾第十五届“中山文学奖”评奖中，它成为唯一获得评审委员一致青睐的作品，以全票通过而获奖。1979 年初版后，1983 年再版，1991 年增订再版，1998 年再次增订再版，成为学术著作难得一见的畅销书。出版九年后，《红楼梦》研究领域的国家级核心学术刊物《红楼梦学刊》，还在该刊 1988 年第 3 期刊登长文《简介罗德湛著〈红楼梦的文学价值〉》，肯定了这部著作在红楼梦研究中的学术地位。

《红楼梦的文学价值》的意义在哪里？这与《红楼梦》研究，即红学有关。在罗德湛之前，红学主要就是考证，如：大观园的确实地址？宁国府到底是什么地方？《红楼梦》里的人物是影射谁？曹雪芹写的是不是自己的身世？这样的红学“其学术价值固不容否认”，却“无异于隔靴抓痒”。《红楼梦的文学价值》就《红楼梦》的表现手法、布局结构、作品主题、文学价值、故事高潮、写作技巧、人物对话、人物性格等方面做出了详尽评析，同时对《红楼梦》的研究途径、对后世的影响，甚至电视剧的改编问题等也有独到见解，被著名古典文学研究专家、文学理论家李辰冬博士称赞为：“开一条研究《红楼梦》内容之道。”

鉴于在《红楼梦》研究领域的成就，罗德湛多次被邀请参加中国大陆举办的《红楼梦》学术研讨会。其中，1992 年 10 月和 1997 年 8 月，分别参加了在扬州召开的“92

中国国际《红楼梦》研讨会”和在北京召开的“97北京国际《红楼梦》学术研讨会”后，罗德湛两次回到他魂牵梦萦的故乡罗家中门村，欣喜地看到了家乡翻天覆地的变化。80岁时他的双眼已经失明，还委托妻子给村中的老人写信，倾诉思乡而无法回乡的悲伤之情。

2010年8月18日，罗德湛在台北去世。当时，中国台湾最重要的文学媒体《文讯》刊登了台湾小说家施鲁生（笔名：师范）的纪念文章，回忆了他们近50年“一辈子文字之交的深厚友谊”，称赞罗德湛的著作是实至名归的“写作指南”。

三、胜景名迹

狮子，钟灵毓秀，历史源远流长，早在商周时期就有先民在这里繁衍生息。株岭，九十九岭，一脉延绵；朗山，一山兀突，群山拥簇；狮子山、白鹤洞，自古素称名胜。太阳山楚国夫人墓、三桥口郡主熊母朱氏墓、义门坊牌楼、义门陈遗址，清修寺、隆教寺、天葬坟、罗九学堂等，形成了风光旖旎、人文积淀的名迹胜景。

溶洞奇观

狮子洞钟乳石景观

狮子街道依山傍水，风光旖旎。株岭，九十九峰，群峰竞秀；朗山，一山独尊，丛山簇拥。在民间，那奇山异岭流传着许多神话传说和离奇的故事。境内广泛分布着喀斯特地貌，溶洞甚多，其中，狮子洞与白鹤洞最为著名，白鹤乡、狮子街道与洞同名。

狮子洞

狮子洞近景

狮子洞位于街道东的龙岗村，旧称“龙洞”。清同治《德化县志》记载：“狮孤山中有龙洞，可进二三重，深不可测。”据科学考证，志书所述的龙洞，是典型的溶岩洞穴，发育于二叠系下统茅口灰岩和栖霞灰岩之间。早在 20 世纪 70 年代就已开发出一条主洞和两条支洞，最宽处为 11 米，最高处达 19 米，总面积为 3050 平方米，游程 500 米。全洞分设 7 个景区，40 多处景观。1982 年 7 月 1 日，正式对外开放，现为庐山风景区旅游景点之一。

[延伸阅读]

狮子洞说奇

刘为珍

大自然真是太神奇了。

在九江县城沙河街西郊，有两座山峦兀突矗立，南北相对，一座小山包夹在中间。远远望去，就像两只狮子为了中间的绣球正争夺得难舍难分。南面那座山，北峰险峻，岭脉向西逶迤，神态像只雄狮立鬃吼天，当地百姓称之为啸天狮。北山则东岭峻拔，南脉低矮，其形态似有扑跃之势，因此，俗称伏地狮。这就是以山为名镇的狮子山，被誉为京九线上第一溶洞奇观的狮子洞就在北山的伏地狮子腹中。

狮子山，旧称狮孤。狮子洞曾名龙洞，相传是当年东海龙王太子受命来人间除恶扬善所居住的地方。清代同治年间编修的《德化县志》有这样的记载："狮孤山中有龙洞，可进二三重，深不可测。后因取石烧灰，龙不能藏。"方志的记载虽然不能说明这龙洞真的藏过龙，但可以证实，现在的狮子洞早在清朝同治年间就被先民发现并勘探过。

两只狮子，一个绣球，天造地设，鬼斧神工，竟然如此惟妙惟肖，叫人称奇。而狮子洞中钟乳石造型奇特，千姿百态，也令人叫绝。不说应验了龙洞传说的龙王殿里，那琳琅满目的宫廷摆设，就是进洞时看到那块悬在空中的龙舌石，也令不少人扼腕称奇。相传这龙王太子来人间替天行道，除恶扬善，全凭这法力无边的神奇的舌头。这舌头，静可辨别真假善恶，灾祸福祉；动则呼风唤雨，吞火吐焰。当年龙太子就是凭这神舌一统天下，完成了天赋使命。据说，这洞中的龙舌至今也相当灵验，天晴，龙舌显红；天阴，舌石生津；阴雨连绵之时，那舌头尖上还会掉下点点水滴。传得更离奇的是，说这龙舌石一沾人气，便可断测人的顺逆福祸。顺者，龙舌赤而鲜灿，鸿运将至；逆者，龙舌黑而暗淡，时运不佳。龙舌石的色彩变化，就是由于洞中气温和湿度等因素所致，断人祸福，则是牵强附会，人为造奇而已。

狮子洞，全洞有7个景厅，40多个景观。洞内石树石塔，雄伟壮丽，石瀑石幔，气势磅礴；石菊石莲，芬芳四溢；石禽石兽，栩栩如生。龙宫宝器应有尽有，《西游记》中的神话人物活灵活现。在彩灯的照耀下，那玲珑剔透、冰雕玉琢、千姿百态、惟妙惟肖的石笋和钟乳石展现了大自然鬼斧神工的惊人魅力。

（此文原载于《走进桃花源》）

白鹤洞

白鹤洞位于镇政府南陲的仲山村，相传白鹤道人于此修炼成仙而得名。洞前两石对峙，形成高大的天然石门，洞穴分上下两层，下洞暗流涌动，汇为“龙潭”，终年不竭。上洞口如仰釜，进入洞内，豁然开朗，敞如殿廷，洞深约一二公里。石壁上有“仙人掌”印，相传为白鹤道人面壁修炼之处。洞内还有道仙寝宫，内设石床，床边置有石盘，床前有一张石桌，桌上有果盘，灿然可数。清同治《德化县志》记载：“白鹤乡洞中寨诸胜，以此为最。”

白鹤洞流水汩汩终年不竭

[延伸阅读]

白鹤洞探秘

余茂勋

柴桑区狮子街道仲山村的白鹤洞，坐落在余家村庄南面山脚、雨淋水库坝脚东边，因古时洞中有一对白鹤而得名。

古往今来，闻名遐迩。清末、民国直至解放初期的白鹤乡，就因此洞而取名，乾隆年间的《德化县志》对此洞也有记载。白鹤洞有两个较大的洞口。余家村庄右前方百米许有一洞口，洞口一边高一边低，高的地方约20米，而须从低的地方方能进洞，高约1.5米，须躬身前行。因小河宽约1.5米，进洞不足10米就须涉水。再进20米，洞内呈现一宽约4米的深潭，很少有人越潭进入。洞中水流平缓，清澈透底，冬暖夏凉，饮之甘甜，自古至今，从未中断。老人传说，洞内曾有一石桌，桌上有两双石筷、两个酒杯，相对而置，恰如一对仙翁在此对酌。因时代久远而湮没于沙滩之中。余家村庄正对面约里许的山中也有一洞口，斜坡而入。洞内如同龙宫，高大宽旷，高二十余米，宽十多米。洞内钟乳石，千奇百怪，像冰柱，像酒坛，像乌龟，像凉床。既似老翁打坐，又如少妇起舞，姿态万千，神采各异。一条小溪沿洞而流，洞内高低不平，蜿蜒曲折，时而可直身而入，时而又匍匐爬行，且岔洞偶现。1968 年初冬，我一行九人，晚 7 时许，打着电筒、火把，拿着粉笔做标记，从东边洞口进入，直到快 12 点方从西边洞口爬出。洞内长度无法估计。有诗赞白鹤洞曰：

白鹤洞有潭深不可测

白鹤何殊白鹿名，神府奇境妙天成。
酒坛乌龟沿河立，老翁少妇扑面迎。
仙筷仙杯存仙迹，龙床龙宫遗龙形。
清泉悠悠长不息，福地洞天万古铭。

名刹古寺

千年古刹清修寺

佛教自东汉传入中国，特别是到了东晋时期，慧远大师建东林，结莲社，开净土，大力弘扬佛法，东林寺成了高僧云集、南北交融、东西贯通的佛学圣地。周边地区的寺庙也渐次兴建，位于狮子街道牌楼村、三桥村交界处的清修寺就是东晋时期修建的古刹之一。千年香火，屡有衰兴。2004年9月，江西省开展宗教领域重点难点问题专项整治，对全县寺庙进行核准报批，境内的清修寺、隆教寺均被列为全县29所获准登记的寺庙。

2017年清修寺重修后大殿上梁庆典

清修寺

清修寺，位于街道南的牌楼村、三桥村交界处的慈姑岭，由东晋晓天僧所建，原名晓天寺。《九江县志》记载，建成之日，山石忽开，清泉涌出。后清修僧重兴，更名清修寺，开凿泉池亩余，泉水清澈，烹茶有香。池水浇灌寺田，岁旱不竭。清咸丰三年（1853），兵毁。同治三年（1864），僧易凡重建。民国时期有寺宇一进两重，内供如来、文殊、普贤三尊大佛。抗战前后，曾先后在此开办私塾、学校和乡公所。后因故损毁，2002 年捐资重建前大殿，2017 年重建后大殿。

[延伸阅读]

历史悠久的清修寺

黄良钧

坐落在庐山脚下的东林寺因历史悠久，毗邻浔阳，傍靠庐山，早已享誉全国。而距东林寺不远的清修寺，也因为历史悠久而闻名遐迩。

清修寺，位于九江县狮子镇三桥村慈姑岭，也是牌楼村与毗邻的三桥村交界处，庙宇坐西向东，背靠翠竹山，看上去如同双狮相伴而卧（民间有狮子山的说法），就像一对配偶一东一西，都是头朝北方，相互依偎，而清修寺正好处于翠竹山东面的凹形山谷之中，如同依偎在东边母狮的怀抱之中。寺宇三面环山，翠竹掩映，花木葱郁。南北两侧山石突兀，清泉喷涌；而东面是大门，在大门口新修的乡村公路下，清澈的河水常年流淌不息。这条河流在上游一直是笔直的河道，平静的河水却突然在清修寺的大门口来了一个回旋，在大门口的对面形成一个天然的小堰湖，当地人称之为曹堰。堰内水草丰茂，藕硕鱼肥，现在已经被开发成养殖场。同时曹堰水源充沛，为清修寺下游的良田提供了充足的水源。正所谓傍山依水，山清水碧。

据《九江县志》记载，清修寺创自于东晋时期，由晓天僧所建，所以最初名为晓天寺。相传成寺当日，山石忽开，清泉喷涌，现如今南侧的古井遗迹仍存。后由清修僧重兴，更名清修寺，名传至今。清咸丰三年（1853）兵毁。同治三年（1864）僧易凡重建。庙内供如来、文殊、普贤三尊大佛。清代到抗战前期，先后曾在寺内开办了塾馆或学堂。当地不少子弟就曾在此就读，也为当地培养了不少人才。相传清朝道光时期的两广总督李鸿宾、首任台南知府罗大佑，辛亥革命元老罗惺予，解放后曾担任中共南京气象台台长的罗漠等名士都曾在这里学习过。

（此文原载于《秀美狮子》）

隆教寺

古刹隆教寺

隆教寺，位于镇东北部的龙岗村。创建于南宋绍兴年间，明天启元年（1621）移建，时有殿宇一进两重，东首大殿一重。清咸丰六年（1856）兵乱，拆毁前重及许真人殿。次年，修复前半重，所存神像移奉于殿后。民国时期，寺区占地面积约为0.8亩，有寺宇两重，供奉许真君。寺下首有大枫树4株，其中古枫1株。1949年，惺予乡公所曾迁于此。1950年起，这里先后为龙岗乡农会、乡政府、乡人委驻地。1959年，寺殿就地拆建龙岗生产大队部，4株枫树伐作建材之用。20世纪末，由当地百姓捐资修复。

人文荟萃

岳飞夫人李氏墓

狮子街道钟灵毓秀，历史源远流长。据乾隆《德化县志》记载，早在商周时期就有先民在这里繁衍生息。一方水土养育一方人，先民瓜瓞绵绵，薪火相传，用勤劳和智慧创造了辉煌的地方文化。境内人文积淀，资源丰富。

楚国夫人李氏墓

位于三桥村太阳山“飞燕投河”地。夫人名娃，江苏宜兴人，一直侍奉岳母姚太夫人，被封为楚国夫人。岳飞遭陷后携家流落岭南，绍兴三十二年（1162）岳飞案得以昭雪，李娃回居江州，淳熙二年（1175）年病逝，孝宗赐葬太阳山。冢地坐北朝南，纵 3.75 米，直径 1.5 米，封土高 1.7 米，外廊圆形拱顶，石灰石结构，碑面直刻“宋岳忠武王夫人李氏之墓”，墓前立有“声叙”“封禁”二碑。1959 年 11 月，被列为江西省文物保护单位。

明郡主朱妙善墓

位于狮子三桥村栎树林，墓向东，纵 4.5 米，宽 2.3 米，高 2 米，水泥外壳马蹄形拱顶。三门式墓碑凹形竖立，中碑高 2.5 米，竖列阴刻“大明皇室安国郡主熊母朱老妙善之墓”，两侧碑高 2 米，分勒“碑记”。墓前有拜坛 5 级，立香炉 1 尊。墓后建“万均亭”，亭高 5 米，庑顶，宽 8 米，上方分嵌郡主墓刻额三方。据《熊氏宗谱》记载，墓、亭由墓主四个儿子建于正统四年（1439），因战乱破坏和自然侵蚀，亭毁碑残，文字浸漶。2002年，族人集资复原。

墓主妙善，生于洪武八年（1375），殁于正统四年（1439），系明太祖朱元璋孙女、皇太子朱标三女，建文帝朱允炆胞妹。是时，皇室争权，兵戎相见，郡主妙善随宁王、辽王卫队由南京迁南昌，寄身临江府清江县建安乡，后徙江州德化白鹤虎踏石定居，成为今县境熊姓始母。

天葬坟

天葬坟，位于狮子街道朗山村朗山南麓大栗林，墓东南向，墓碑为二层五门式凹形竖立，前摆香炉，一对石狮立于墓碑两侧。为朗山李氏肇基祖仲一公之墓。民间流传，李公仲一，是明朝开国功臣，镇守江州，因功勋卓著执有丹书铁券免死牌。晚年无疾而终，皇帝赐葬朗山大栗林。出殡时还青天白日，可就在落葬时突然电闪雷鸣，乌天黑地，伸手不见五指，瓢泼大雨令人睁不开眼。仅一会儿工夫，雨霁天开，大家睁眼一看，只发现停放棺木的地方突然新添一座坟茔。大家都说，这是李公德高望重，先是御葬，再是天葬。后来，人们就把这坟叫作“天葬坟”。

位于朗山南麓的天葬坟——李云华摄

据《李氏宗谱》记载：朗山李氏，系出衔公第四子铬公支派。始祖仲一公，明初偕常遇春佐太祖平定江南，留镇九江因家焉。历年三百，子姓繁衍而环处朗山之麓者尤盛。聚族而居殆两千户，簪缨累世不绝，胶庠之士，恒数十名。

[延伸阅读]

朗山传说与朗山义兵

刘为珍

在九江市柴桑区西部，位于狮子、城门、新合三地交界处，有一块周延数十里以朗山为中心的盆地，古名叫“朗山城门里”。这里山清水秀，人杰地灵，清朝初年，那场以秀才李扶鲜为首的“朗山里起义兵”就发生在这里。是义兵的造势需要，还是这里的山水神奇？朗山起义兵的故事与朗山出天子的传说连在一起，在百姓之间口口相授，世代流传。

朗山，秀出幕阜，脉连株岭，山不算高，才海拔210余米，但周围是一群低矮的山丘，把这座山就烘托得一峰独秀了。加上这山三面陡峭，形状奇特，东面像宫殿，南面似座椅，北面如龙案。案首有座叫纱帽的山，一峰两峦，圆而陡峭，的确很像一顶官帽。西面又有五条支脉蜿蜒簇拥，在此汇聚。按堪舆之说，这山正合“九五之数，位处九五至尊”。

站在山顶，极目远眺，四周低矮的山脉连绵起伏，如同城墙般构成一块方圆数十里的盆地。唯有北面的两座山脉，突然开裂，两峰对峙，远远看去像是一大一小两座城门。在城门两侧，又隆起两座形似鸡形的小山包，山嘴上的岩石呈红褐色，长着一色的香枫树，每至深秋，枫叶红了，那褐色的石头在枫叶的烘托下，就像一对血冠红毛的司晨金鸡，守在城门之侧。

清乾隆年间编修的《德化县志》曾对这里的奇特山水有记载：“大小石门山有四，大小两山各相对，有石如屏，俗呼大、小城门。中有湖约长五里许，阔八里许。春冬则涸，夏秋水满如镜，北流入长港。”

大自然的鬼斧神工，竟然塑造出这群山簇拥、九脉归朝的朗山，又长出了一对金鸡、两座城门。渴望一代真命天子能带来太平盛世的黎民百姓，就以童谣的形式演绎出“朗山出天子”的神话传说：“大小城门对朗山，一对金鸡无人关。若是金鸡关住了，真命天子出朗山。”

至今，这首童谣在这一带百姓中仍家喻户晓，孺幼皆知。童谣是童谣，传说归传说，这朗山里李家还真的曾出过“真命天子”！

相传，朗山里有一姓李的大户人家，先祖是帮助皇帝打下江山的开国元勋。

功成之后，醒悟历朝历代都曾有过“鸟尽弓藏，兔死狗烹”的先例，自知功高震主，难免有重蹈覆辙之忧。于是，经高人指点，就在朗山之麓安居下来，繁衍生息。这朗山还真的钟灵毓秀，福佑四方。李氏人财兴旺，瓜瓞绵绵，很快就成为江州望族。且不说子孙人口众多，家族权势显赫，仅从至今仍保留下来的“万谷仓、金兰垅、铁炉塘、跑马埒、学堂洼”等地名中就可以得到佐证：一个家族有囤聚一万石粮食的“万谷仓”，有从朗山之麓到城门湖畔以子孙名字命名的良亩“金兰垅”，有九十九尊用来打制刀枪武器的铁炉塘，有专门供家丁家将跑马练兵的“跑马埒”，有专供子孙读书开设的“学堂洼”……可见，这个李氏家族当年该是何等显赫与兴旺！

这李老勋臣在朗山落屯，也不知道传至几世几代，裔孙中有位媳妇，怀孕三年六个月也不见分娩。一天，肚里胎儿突然开口问话：“城门长拢吗？兵马到吗？”胎儿在肚子里开口说话，吓得这孕妇心惊胆战，不知该如何回答，忙去问当家的公公。公公得道，已获天机，知道儿媳怀的正是“真命天子”。虽说城门没长拢，兵马也没到，可那仙人张果老正在挑土筑城门，竹洼山一林竹子也正在屯兵养马。于是，就对儿媳妇说：“如再开口，就说城门还冇[①]拢，兵马也还冇到！”

这李家公公自“真命天子”在娘肚里开口说话之后，从不外出，专等城门长拢兵马到，期待“真命天子”出世。公公守在堂前，守了一日又一日；媳妇坐在内室，按公公的意思坐了一天又一天；肚里的胎儿开口问话，问了一遍又一遍。院里的枣花等香了，树上的枣儿等红了，男女老幼望眼欲穿，等待着，真命天子，出世！

一天，公公因急事推卸不脱，无奈外出。胎儿又开口问话，也不知是问烦了，还是盼儿早日诞生心切，孕妇没有按公公的意思答话，说：“城门长拢了，兵马也到了！”这一答不要紧，祸从口出，一场变故发生了！话音刚落，肚里的胎儿应声落地。第一个出来的是黑脸，满屋青光冲天，寒气逼人。守在床边的接生婆以为生下怪物，惊慌之中找来洗衣杵，一杵打死。接着电闪雷鸣，忽而红光贯日，又生下一个红脸，接生婆又是手起杵落，一杵毙命。第三个白脸落地，满室祥光瑞气，奇香袭人。孕妇惊魂未定，再也不让接生婆插手，将婴儿紧紧抱在怀中。这白面婴儿双目重瞳，左顾右盼，问妈妈：“大哥二哥在哪里？”母亲实情相告。“大哥二哥已去，文臣武将不在，留我何用？”说罢，跃身而起，一头撞裂踏板，与大哥二哥死在一起。

①冇，mǎo，方言，没有。

据传，这当家公公赶回家中，目睹惨状，当即昏死过去。待苏醒之后，一怒之下亲手处治了接生婆，并吩咐家人密不外传，就说真命天子已出。于是，召集家兵家将，提兵起义。义兵到处，所向披靡。首战攻下了瑞昌，又占领了德安、星子，正围攻府城时，因叛徒出卖，全军覆没。

朗山出天子，纯属神话化了的传说，与传说连在一起的朗山里起义兵，则方志家乘均有稽可查。《九江县志》在大事记中就留有相关记载："顺治二年（1665）八月，德化（即今九江市柴桑区）生员李扶鲜（一说李含初）在朗山揭竿起义，聚众数千，攻破瑞昌县城，署知县郭之麟死之。"此外，民国二十二年（1933）续修的《李氏宗谱》中也辑录了《朗山李氏起义轶闻》专节。据其所载：顺治二年（1645），满军至江南，李含初、金兰二公自以先世受明代厚恩，不忍屈服于清廷，召集合族壮丁，得数千人，援举义旗，恢复明祚。义师取瑞邑（瑞昌县），略德邑（德安县），得南康（星子县），聚众至两万。宿营于九江南郊之梧岗岭。因内部二心，潜师袭击，遂至全军覆没。

《朗山李氏起义轶闻》中所录的李氏"先世受明代厚恩",在《李氏宗谱·序》中也有相关佐证：朗山李氏肇基始祖名李仲一，字朝奉，原籍安徽省徽州府婺源县高桥人，武解元出身，偕大将常遇春佐明太祖朱元璋平定江南，留镇九江。以总镇之职，统管广、饶、建、南、九府军务。数府寇贼不惊，民安乐业。遇邻省贼寇蠢动，公奉命往剿，至即闻风惊遁。后太祖以公功勋卓著，封万户侯，赏尚方剑，并赏免死牌三面。公寿百余岁，御赐龙头杖并上方珍物。

谱牒还记载：李公仲一，无疾而终，赐葬朗山大栗林。落葬时突然雷电轰腾，大风拔木，众人惊避。雨霁往视，则棕不见，惟山土新破，巍然一茔。众称公德高重，先御葬，后天葬。迄今仍名为"天葬坟"。

宗谱上记载的朗山李氏始祖李仲一墓"天葬坟"，就坐落在朗山南麓，至今仍保存完好。以"金兰"命名的金兰垅、金兰桥仍在沿用，城门乡还有一个行政村就叫金兰村。20世纪大搞园田化，在城门乡金桥村一处叫"铁炉塘"的地方还真的挖出许多断砖碎瓦，出土了大量木炭和铁屑，是偶尔巧合，还是稗史的再现，这里正是李家九十九尊铁炉打制刀枪器械的军工之地？

按民间传说，朗山没出成"真命天子"不能责怪接生婆打死了文臣武将。只怪当初城门没有长拢，兵马也没有赶到！传说当年张果老也曾挑土筑城门，只是心性太急，担子太沉，沉得快到城门口竟把扁担都压断了，那担土就落在城门之前。一厝就在城门乡境内，叫城乡墩；一厝在狮子镇境内，叫王家墩。

那竹洼山也曾屯过兵，养过马。传说竹洼山上当年长出的毛竹有水桶般粗细，漫山遍野，一节一兵马，一竹一将官，马备鞍，兵执辔，还有的将官左脚踏镫，右手扬鞭，正欲飞身上马。只可惜真命天子归天，天兵天将也追随而去。那一山竹子节节爆裂，败林枯死。至今，朗山北麓有座山仍叫竹洼山，山洼有座庙，叫竹洼庵，相传那位没听公公话的产妇，就在这竹洼庵里削发为尼。竹洼庵曾一度香火旺盛，直至“文化大革命”前被拆除。

朗山里起义兵，姑且不去评说其历史意义。然而，朗山义兵与朗山传说竟如此天衣无缝，合二为一，相得益彰。以朗山要出真命天子来号令义师，与司马迁《史记·陈涉世家》中书置鱼腹，以“陈胜王”而号令天下如出一辙，确有异曲同工之妙！而且，朗山里起义兵影响之大，不能不说明这朗山，这九江，这曾为州郡的首府首县自古钟灵毓秀，真乃藏龙卧虎之地！

（此文原载于《走进桃花源》）

王家墩遗址

王家墩遗址位于街道北的蔡桥村，整个遗址为平顶土墩型，方圆面积为4526平方米。远远望去就像一筐堆土，这里正是朗山传说中张果老挑土筑城门扁担被压断堆土的地方。

1981年5月，文物普查时对遗址进行了发掘，文化堆积层厚1.2米，在这里采集到了石斧、石簇和陶鼎、鬲足等器物残件或碎片。陶质多软陶、夹砂陶，纹饰有绳纹、方格纹、编织纹、附加堆纹等十余种。经鉴定为商周至春秋时期的遗址。

义门陈遗址

义门陈遗址位于街道南的牌楼村。方志曾记载：义门山与株岭山相对，义门陈氏居其下，尚有牌坊遗址。可见，“牌楼”这一地名还是源于义门陈氏。明清年间的《陈氏宗谱》也相因承袭明确记载“江州义门陈”的发祥地就在狮子街道牌楼村。至今这里仍存有“伯宣井”“义门陈议事厅”“牌坊石”“义门记”等石碑石匾之类的文物遗存。

[延伸阅读]

江州义门陈系列故事

陈文夫

风光宝地齐集里

相传唐开元九年(721),陈伯宣因访好友马聪自闽来南康,慕匡庐丛秀,则隐居庐山之西圣治峰,注司马迁《史记》行世。

唐开元十九年(731)三月初六正午,伯宣屋堂中,突然一道霞光,见紫云里一神人骑丹凤,头戴七星冠,身着道袍,从空中下地拜揖伯宣,言道:“吾受帝命,职司采访,五百年当服生灵,欲得此地作道场,汝逊余?”伯宣对曰:“余居此久矣,乐此。”神曰:“吾择百代富庶之地,去此之西南20里处艾草坪(今狮子牌楼高家村),丹凤舞拜,鸦集成群,是谓上吉,易此地可乎?”伯宣未应。神又曰:“吾飞一锡杖于彼处迁汝居,作丙寅门,则汝之后,炳炽而昌……”宣曰:“师,天人也,当俯首听命,愿师言无诳。”是夜,伯宣吩咐家人,早安寝,养精神,明日搬迁至锡杖地艾草坪。合家睡梦中忙忙碌碌,半睡半醒,恍恍惚惚,懵懵懂懂,第二天一觉醒来,全家人及一切生活用品已全在艾草坪,且已有茅屋一幢,足可安居。

越二年,伯宣之闽泉州仙游陈氏族属,慕艾草坪为膏腴宝地,相继齐集于斯,遂名其地曰“齐集里”。久负盛名的齐集里,因此传说千余年。

永不涸竭的义门井

相传唐开元十九年,陈伯宣依神锡杖指点,从庐山圣治峰择居凤凰山艾草坪后,即在锡杖落地的杖印处,掘井取水。此处为凤凰山半山腰,地势较高,只挖数锄,就见汪泉,再掘不及两米,泉涌如潮,故用大理石做井沿,永益子孙。至今,义门陈井完好无损,井水清冽甘甜,逢旱年不涸。据悉,凡长年生活在义门故地,饮用义门陈古井水的人,从未发现一例结石病患者,民间有流传歌谣:“义门井水清又甜,孕育儿孙个个贤,肠胃通畅身无病,男人健壮女美颜。”

非同凡响的碎鸽和酒

宋淳化四年(993),宋太宗赵光义,闻义门“堂前架上衣无主,三岁孩童不识母”

等义举义事，即有意宣义门时任家长陈竟入朝。召见时，太宗帝赐竟一鸽。竟持鸽归后，碎鸽掺在家酿米酒中，合族三千余口，以猪鬃蘸尝，共沐皇恩。当朝宰相吕蒙正目睹此情，回殿复奏曰：“陈氏一门咸知天恩加厚矣。”帝深赏之，曰：“诚哉，义门也。”不久，帝又宣竟进宫，赐梨一枚，竟面露喜色，当场食之。帝问何不让族人共享，竟曰：“启禀皇上，义门世家，永不分离（梨）”。太宗听后，提笔书条幅一帧赠陈竟，条幅曰：“陈酒和鸽，满门和合。鸽和陈酒，义门长久。”

畜通人性的百犬同槽

在义门陈故里的建筑物中，原有百犬牢一座，就是养一百条狗的地方。门前有一副对联写道：“一犬不至百犬不食，牢内异物皆效义；一吠突起百吠齐怒，寨中同声共护门。”其犬槽是由一条长一丈二尺余、宽三尺左右的花岗岩石料制成的。中华人民共和国成立后，当地人修水塘需要石块，把它打断深埋在塘坝之中。

有关百犬同槽的传说有多种版本。

一说是犬生而重义。每当义门陈的人开始给狗进食，将饮料放入犬槽中，把信号一发，狗就从东南西北各处相继跑来，不管先来后到，一概蹲在槽旁，既看不到哪个先吃，更不会出现争食的情况。一定要等齐一百个伙伴，才同时进餐。有一次，九十九条狗都到了，一条黄狗腿瘸难行，大家一直等呀等，直到黄狗来到槽边，群犬才开席。

宋太宗赵光义听后不信人间竟有此事，便御驾亲临，带来一百只肉包子，放到百犬槽内，群犬呼而相聚，像它们的主人一样，齐齐叩谢皇恩。叩毕，一条白犬步至槽前，口叼两个包子，旁若无人地跑走了。太宗惊奇，率众人尾其后。只见一柴扉旁，卧着一条黄犬，好像生病的样子，白犬将叼来的两个包子给它一个，自己留下一个食了。其他犬各自只食一个，不见多占。

至今，中国姓氏通典和百家姓录像带还把江州义门陈氏的“百犬同槽”称为世代和睦、聚居乡间凝结而成的一种人文精神。

八王爷微服私访“齐集里”

自唐开元年间，江州义门陈“齐集里”，这个山野之村就人才济济。始祖陈伯宣，居圣治峰，注司马迁《史记》78卷，名闻朝野。宝应元年（762），陈旺登进士第，敕授承议郎；越三年，陈晓、陈眺同登进士第；兴元元年（784），陈机以进士及第；后又有陈感、陈青、陈崇、陈禺、陈玟、陈袞、陈勋、陈密，及至五代十国，陈绍、陈琛、陈泳、陈兟、陈昱、陈卓等同登进士第，代代有陈氏高官扶朝佐政。

宋代乾德三年（965）宋太祖赵匡胤在位，陈氏人才辈出。陈诏、陈显、陈颁俱登进士，同拜枢密使，赐紫金光禄大夫，越三年即开宝元年（968），陈恭、陈贻同榜登第，恭为洪州掌书记，贻为朝散大夫。此时，当朝贵族宋景，满腹文采，未就高枝，在京都开封闲居，因排行第八，人称八王爷。八王爷眼见历朝历代都有陈氏才子辅佐朝廷，深感疑惑，想探其究竟。他暗地和管家商定，二人乔装商人，到齐集里微服私访。不日，二者来到江州，便雇轿夫送至泉水垅艾草坪齐集里。下轿伊始，宋景被这里如画的山水迷得如痴如醉，屋后青山隐隐，门前绿水悠悠，自叹好一处风光秀丽的宝地。眼前高大的牌楼，上书唐僖宗御书“义门陈氏”，门联宋太宗赵光义撰：“聚族三千口天下第一，同居五百年世上无双。”见有客人来，义门主家陈悦上前迎接，步至厅堂，宋景见门额上书：江州义门陈议事厅，方知此为义门陈大本营之地。陈家一贯平等接待客人，眼前虽是商人，同样请入正座，奉上香茶。交谈时，客人件件离了商谱，而谈文论字，却入理入情，再若谈到朝野政事，更是无不知晓，陈悦暗地与宋景家人私探，方知眼前是当朝太祖的族亲，早已闻其人而未曾谋面的八王爷。是夜陈府设家宴款待。席间宋景知陈悦已知自己身份，感到陈悦太精明，随口言道：“义门陈四方生聪耳（陈东西耳，门南北耳）。”暗指陈悦已知其身份。陈悦一听方知其含义，接口讲：“大宋朝一人盖江山（一人大，宋宝盖头）”。暗指宋太祖一统江山。酒过三巡，一道红烧山羊肉端上桌。宋景不等主人请，举箸夹起言道：“羊羹我先尝”，陈悦立即站起，挑了一块大肉，接口说：“我敬八王爷。”全席人都哈哈一笑，都意会到他俩所言，均含一个“义”字。席间，宋景总想打听义门齐集里到底怎样文明、文化根底怎样，陈悦借酒兴高，说道：别看齐集里野岭山村，农夫们日耕夜读，《四书》《五经》个个通晓，吟诗作对妇孺皆知，所谓“八百头牛耕夜月，三更灯火读文章”是真实写照。宋景半信半疑。第二天清早起来见一老汉挑两桶水，从村边回来，忙上前问：这是干什么？老汉答：一肩挑日月。宋景想是呀！太阳刚露头，月亮尚在西山未下，说得太好了。转身走进大堂屋，来到磨坊，见三位妇人磨磨，宋景又问：这是干什么？一妇答：双手转乾坤。宋景想是呀，石磨上下两扇，古人云：上为乾，下为坤，“一肩挑日月，双手转乾坤”，如此妙语妙对也。早饭后，宋景又到田畈山边里看看，见一老汉挑担木柴棍，问：这是什么？老汉先指两座山头，后指木柴说：“此木为柴山山出。”宋景一愣，暗暗叫苦，半天没对上，老汉只好礼貌地走了，宋景家人忽见炊烟四起，忙对曰：“因火而烟夕夕多。”一副拆字联天然而成。他们继续前行，来到伯宣公墓前，顶礼膜拜。见义门陈人为宣公修建的墓塔，高高耸立墓旁，这时又见一名七八岁的小孩在墓地边上放牛。宋景暗想你陈悦吹牛说妇孺皆知吟诗作对，不如出一联要放牛娃对对。陈悦随同左右，暗忖自己说了大话，也只好随宋景所为。如是宋景叫住小孩，说明意思，随即言道："宝塔巍巍，七层四面八方。"陈悦心中想你八王爷也太狠了，这样三个数字的对句，就是大学问者也很难对上。小孩很机灵，无言以对，则举起小手摇了摇，拉着大牯牛就走。宋景心想看你陈悦下次还吹不，怎样的妇孺皆知，还不是没对上。陈悦灵机一动，说道："他早对上了，只是用暗语对的。""怎样的暗语？"他将手摇了摇，即是："玉手摇摇，五指三长两短。"宋景无言以答，摇头笑笑，暗想陈悦太高明了。

宋景回到开封后，常在朝官前谈及"齐集里"的义举趣事，满朝官员无不感慨义门陈人高尚的人格、深厚的文化底蕴及一切皆为义的为人风范。

猛虎护人　巨蟒护院

宋咸平年间的一个秋天，齐集里三房陈光等七兄弟上株岭茅山凹砍柴。义门人家有条潜规则，不管是在田地种庄稼，还是在山上烧炭、砍柴，均不得伤及野生动物。这天，弟兄们埋头斫槎，忽听到对面山凹里有小虎的嗷嗷叫声，老大陈松循声寻去，见一母虎病恹恹地躺在茅草窝里，身边有两个幼崽，在吸吮着母虎干瘪的乳房。母虎毫无力气地望着来者。陈松见状，知母虎重病在身，多日未进食，已是筋疲力尽。他们速转身将自己所带的干粮倒在母虎面前。人饥不择食，牲畜也一样，母虎面对香喷喷的米饭大口地嚼了起来。陈松见状，忙招呼弟兄几个都将干粮拿来，让母虎吃个饱。此后几天，他们上山砍柴除自带干粮外，还为老虎母子带上猪肉、牛肉若干。半个月后，母虎带着虎崽离开了茅山凹，不知去向。

又是一年枫叶红。陈松弟兄又到茅山凹砍柴。陈光见地面上有一根又黑又粗的树干，就用砍刀猛砍，欲砍断好烧炭，谁知是一条巨蟒，蟒身剧痛迅疾猛回头将陈光紧紧缠住，光大声呼叫，难以脱身。倏忽从茅草里冲出一只大虎，陈光又被虎吓，人已麻木。谁知虎上前，一下将蟒头钳住拉开，蟒身一软，陈光解脱，虎将蟒一阵风似的不知叼到了何处。

人是得救了，陈松众兄弟虽受蟒蛇一惊，终究觉得蟒被虎叼，不知伤势怎样，胸中忧闷，放心不下。于是他们边砍柴边寻找蟒的下落，想知道个究竟。果然在不到一百米远的山沟里见到蟒匍匐在那里，不弹不动，且颈部有虎的牙痕，淌着红里带黄的浊水。在陈松的号召下，他们用捆柴的绳索将蟒缚住，抬回齐集里，并用在山上采来治人伤的草药，敷在蟒的伤口上，又给蟒喂了几块鸡肉。以后几日，天天如此，蟒伤渐渐好转。不但一餐能吃两只鸡，还能自如地蠕动着笨重的躯体，和陈家人平安相处。蟒伤既好，陈松决定放蟒归山，一日清早将蟒送到三里路外的大山上，可是到傍晚时，蟒却回到齐集里，接连三天，早晨送出，夜晚即归，而且温顺可亲。陈家人大小都觉得稀奇，遂决定留蟒看家护院。不久，果有一贼入院，蟒即昂头发出啸啸之声，贼见状神慌意乱，只好躲藏在堂屋梁上。是时，洪州通判陈恕因母亡，回艾草坪齐集里料理后事，此窃事让陈恕碰上，忙上前集结家人说："先祖陈定也曾遇过此事，曾告诫子孙，夫人不可不自勉，不善之人，未必本恶，习以性成，遂至于此，梁上君子者是矣！"贼闻之大惊，遂自投于地，稽颡归罪。因此，后人将贼称"梁上君子"。

后生慕义　求拜联师

话说宋建炎年间，江州齐集里陈氏，义风义气早已芳名远播。一日，陈家私塾教馆先生陈迟，刚讲完课，正出馆门，却见门外一位衣着整齐、面色腼腆、毕恭毕敬的后生，看年龄与己相仿。未等陈迟开口，后生忙说："请问您是陈先生吗？我是陈迟！哎呀！您让我找得好苦呀！我叫梅清，鄂州梅湾人。早在五年前见先生在庐山五老峰石壁上一副雅联：'五老危襟正坐仰天俯地，千峰破雾昂头探月摘星。'让我佩服得五体投地。"陈迟听后吟道："伯仲同龄，堪为学友，何谈雅对，乱笔涂鸦。"梅清言道："师生两辈，岂敢平称，口吐珠玑，世间绝唱。"陈迟说："无深交不敢高吟。"梅清对："有际遇当图大雅。""株山铺绣锦，峰不高景无限，甚喜联坛多笔友。""庐岳读珠玑，颜未识心已通，敢来齐集访联仙。"吟罢，梅清举手屈膝拱揖，请先生收弟子为徒。陈迟急忙扶起梅清，吟道："抱负惟谋事业，奋志云端万里途，虚谦弟子。"梅道："联花缀放春光，擎旗笔底千秋韵，咸仰先生。"如此，陈迟正式收梅清为徒，在齐集里谈诗拟对。日后，梅清虚心好学，在齐集里亲见义门人无私无杂念，深为感动，因此，他虚心好学，联词惊世，一举成为湖北乃至江南联坛的新秀。

南宋著名学者王十朋，于隆兴元年（1163）任夔州（今四川奉节）知府。赴任前，绕道湖北鄂州，着意访梅清，并留下一副妙对：湖广多联手，梅清第一人。他得知梅师从江州义门陈迟后，言道："齐集里风水宝地，义门人才盖世间。"

蝗虫不食义门粮

宋朝天圣年间，义门陈氏家长陈泰上奏义门历朝种种事迹时说过：因义门陈氏人多家贫，田畴不广，供给不足，每年夏天须付借四千石粮食才能度过春荒，全家都喝稀饭，以菜充饥。

一日早朝，为了鼓励百姓安居乐业，皇上下旨，每年接济四千石粮给义门陈这个大家庭。当时陈氏管家陈旭谢过龙恩，只接受了一半，说："惜而食可以及秋。"

皇上赞曰："诚哉！'义门'也。"

义门陈举家数千口，在德化县白鹤、高良、楚城及德安车桥乡等有多处庄田，除陈氏的田庄外，同时还有邱、万、李、张、王、佘等十多家田庄农田，交错耕种，你中有我，我中有你。每年秋天，成群的蝗虫由天而降，黑压压地来，呼啦啦地去，好端端的稻谷，不到半顿饭的工夫，就被糟蹋得精光。老百姓真是"叫天天不应，叫地地不灵"。一年到头辛辛苦苦，种出点谷子，瞬间就泡了"蝗汤"。有的人烧香拜菩萨，没有用；有的人围住田埂，用破布片扎在竹竿头上赶，赶了前面，来了后面，赶了左边，来了右边。

蝗虫成灾并不亚于水火之害。那时，又没有农药，只有听天由命，任蝗虫摆布。说来也怪，蝗虫好像知人性，崇仁义，竟然鬼使神差一般，别的姓氏田里都有蝗虫，义门陈氏田庄的田里却没有，即使相邻的田块，虫就是不进陈氏金黄色的田里去。义门陈的田里真是种谷得谷，种豆得豆，年年丰收，块块丰产。尽管田少人多，倒也丰衣足食，并无饥寒之忧。民间传为奇闻。

一晃到了宋英宗年间，这个皇帝在位四年，江南就遭到四次特大蝗灾。很多农家颗粒无收，甚至不少青苗都被蝗虫所毁。可是义门陈氏的田庄却一片生机，连续四个好丰年，课税贡献皆超额完成。

江南路州转运使经过这里，下马细看，非常惊奇，确证传闻不假。于是转禀当朝状元胡旦，胡旦回滨海述职时，路过江州还特意考察核准此事，写下一篇《义门记》（尚存九江县一村民家中），说明"人有善念，天必佑之"。为推崇孝道，张扬义举，用以教化子民，他特意回到京城，请皇封赠，如是御笔亲书"义丰"二字，义门人就在山上铭石以为纪念。

少年举义割股救母

传说天圣四年（1026），义门陈宗年16岁，母生病求医，医曰："此药须股肉作引。"宗虽年少，但执意割己股肉来救母。母知子意，劝说："儿呀！你年小莫伤肌体。"宗答道："有母才有儿。为儿孝母，何惜区区一块肉。"医者在割宗股肉时，宗不哼不啧，且面带笑意。不久，母子皆愈。数十年后，陈宗百年归世，当地百姓自筹款项，为其修"孝子牌坊"一座。坊基在齐集里东南一山垅，今狮子牌楼凤凰山南边山凹里。

合族无奈　奉旨分庄

《三国演义》开宗明义地说道："天下大势，一分一合，合久必分，分久必合。"义门陈氏大家庭合居十五代，聚族人三千九百口，朝野上下莫不钦羡。

到了宋仁宗年间，有朝中股肱之臣文彦博、包拯、范师道等上疏，大意是从朝廷的根本利益出发，应当分而治之。从陈姓的发展来看，田地就那么多，人口越来越多，发展空间有限。而且，当时在全国还有很多需要开垦的荒地，所以，他们建议让义门陈择地分庄，也使“义”声远播，扩大这一家庭文化的影响。分，对义门陈氏来说，也不一定是坏事。仁宗很快准奏了，并下旨分庄。

可是，分庄的消息传到义门村，合族上下号啕大哭了一场。因为这意味着背井离乡，意味着生离死别，实际上也是一种变相的集体流放。对“永不分梨（离）”的义门人来说，感情上又怎能接受呢?

但是，哭归哭，分庄是不可抗拒的圣旨，还将有地方官员奉旨临门监护，必须早做准备。陈氏家长召集各地主事进行商量，一是分多少庄，二是去往何方，三是如何去，必须拿出办法来。

第一个问题有人提议，把祖堂内的一口火锅吊到义门堂的中堂梁顶上，让它自然落下，摔成几片就分成几庄。按这个办法操作的结果是：铁锅破成 291 块。人间至今称兄弟分家为“锅子发折”，也许就是由此而来。

第二个问题的解决办法是由地方官员送来全国通用“地经”，以及各地行政手本、物产风情介绍，供义门人选择。长房长孙陈亮看着大西南那棕色的土地，高山与峡谷并存，知道是个险恶处所，提出让他带着大房人众入黔。至今贵州省有个大方县，原名大房县，陈姓人口就有 15 万之多。第三房有三个头脑精明、体格健壮的青壮年，名叫吉亚、泰亚和亘亚，提出要去琼州，到海角天涯去发展，当然也很快如愿了。现在的三亚市是否与他们有关，也不得而知。

老七分庄到浙江一个不毛之地，那里地势低洼，沼泽很多，乌鸦成群。由于他们辛勤劳作，开始有了片片良田。当地人告诉他们，那些乌鸦是不祥之物，一见乌鸦，又是打，又是赶，有句俗话：“白颈项乌鸦开口是祸。”它们飞到哪里，就把灾厄带到哪里。义门陈氏人不相信这些，他们跟乌鸦友好相处，日子久了，使乌鸦变成了一种有情有义的禽鸟。它不再给祥和的大地和重义的人们播撒灾难，而是当人们面临某种危险时才“刮！——刮！——刮”叫上几声，请你提高警惕，谨慎操作，缓开金口，以免是非。此地的名称也就渐渐成了“义乌”。

循序择地，依次分出 291 个居住点，朝廷拨给一部分车马脚力，指日到达各自的地点。从此，这个庞大的封建家庭第一次解体。

从 1063 年奉旨分庄时，大家就议定每年清明时节都要派人回乡祭祖，持续几年后，实感路途遥远，耗神费力，于是就在各州府设立回归院，就近聚众，向着义门故地的方向烧香叩头，进行遥祭，并祈求平安。

据说，这一风俗在各地义门陈后裔中至今不改，家家门前牌匾上高悬“义门世家”的字样。一问便知是“齐集里”义门村的子孙。

三桥村抗日战场

位于今三桥河东南边山脚下。为了阻止日军进攻，中国军队在河的两边构筑了几道防线。第一道位于牛头山、太阳山、焦山口一带，这些制高点之间，正是日军进攻的必经之路；第二道位于云台山、肖家凹西北一线。在这些不高的山头上，中国军队挖好了四通八达的战壕、单人机枪掩体等工事。他们居高临下，严密监视日军动向。至今战场上壕沟隐现，还时常在大雨过后有枪壳、炮弹片等物品出现，可见当时战斗的激烈程度。

[延伸阅读]

当年鏖战急

——三桥抗日战场巡礼

施元华

初冬时节，赣北大地艳阳高照，宛如深秋一般温暖。位于柴桑区的庐山西站及高铁新区，正在如火如荼地建设中。各种机器轰鸣，人来车往，热气腾腾，绝不亚于一场会战。

2023 年 12 月 4 日上午，我专程来到狮子街道三桥村，就当年的抗日情况进行采访。尔后又登上离庐山站不远处的一座小山，极目四望：东面是庐山站漂亮的站房和通向南北的铁路线；北面是整齐宽阔的城市枢纽路和高铁大道；而西南边，则是连绵不断的青山，峰峦叠嶂，往远处延伸。望着这些山峦，我的思绪进入抗战时期的 1938 年。

1937 年 7 月 7 日，卢沟桥事变后，日本法西斯发动了全面侵华战争。一时间，铁蹄踏来，山河破碎，无数百姓家破人亡……中国军民奋勇抵抗，创造了许多可歌可泣的战例：长城守卫战，平型关大捷，百团大战，血战台儿庄……虽经前方将士殊死搏斗，怎奈敌强我弱，侵略者还是举起血淋淋的屠刀，一路向南砍杀不断。1937 年 12 月 13 日，南京沦陷，古老的金陵立刻成为人间地狱。

随后不久，日寇分几路向南、向西进攻，妄图夺取华中重要城市武汉。1938年6月，武汉会战正式开始，中日双方军队投入大量兵力，首先在武汉外围进行了长达数月的战斗，至10月24日，蒋介石命守军撤退，武汉陷入敌手。

我站立的这座小山，还有西南边那数座逶迤的山脉，位于今狮子街道三桥村东北部。这个有山有水、风光如画的地方，在1938年8月间，曾见证过一场残酷的血肉厮杀。

1938年7月26日，九江沦陷。8月初，占领九江的日本侵略军继续向西南方向推进，企图突破中国军队的防线，夺取德安、瑞昌等地，往南昌、湖北方向进犯，从这里打通一条通往武汉的道路。他们在当地强行征用民夫，抢修了一条4米宽的简易公路，以便装甲车、大炮等重型武器通过。但敌人没有料到的是，在他们前进的道路上，我第八军第三师一个团，正严密防守在这一带的山上。

日军修的这条公路，位于今三桥河东南边山脚下。为了阻止日军进攻，中国军队在河的两边构筑了几道防线。第一道位于牛头山、太阳山、焦山口一带，这些制高点之间，正是日军进攻的必经之路；第二道位于云台山、肖家凹西北一线。在这些不高的山头上，中国军队挖好了四通八达的战壕、单人机枪掩体等工事。他们居高临下，严密监视日军动向。

1938年夏秋之交，沙河会战正式打响。第一道防线上，中国守军第八军第三师某团部分连队，接到命令死守阵地。士兵们摩拳擦掌，斗志昂扬，准备给敌人一顿迎头痛击。日军一个联队共有三四千人，战斗力非常强悍，携带清一色的新式武器——三八大盖、机枪、掷弹筒、步兵炮、重炮等，气势汹汹地来到这里。他们弹药充足，耀武扬威地想从这里经过，没料到，从我方阵地上射出密集的子弹，顿时撂倒一片敌人。日军气急败坏，刚开进时间不长就遇到伏兵，指挥官哇哇大叫，命令反击。顿时，雨点般的炮弹向山上轰去，炸起的泥土和树叶在阵地上溅得老高。敌我双方的阵地争夺战，就在这不大的地方展开了。一时间，枪声密集，炮声隆隆……山不高，中国士兵伏在战壕中，瞄准敌人射击，间或有机关枪“咯咯”的扫射声。敌人像疯狗一样扑上来，炮弹、手榴弹爆炸腾起一团团烟火，响声惊天动地。一个山头，又一个山头，因位置重要，我守敌夺，我夺敌退，有的竟反复“拉锯”了二十多次。鲜血染红了泥土，三桥河水也成了红色，在阳光下发出腥味。敌我双方不断增援，在这里激战了两个多星期，中国守军牺牲了一千多人，付出了沉重代价，给了敌人以毁灭性的打击，日军两个步兵大队在此遭遇厄运，基本失去战斗力。

这场战斗在天气炎热的季节进行，中国守军在山头上，缺水少粮，弹药不足。士兵们以顽强的毅力，坚守在阵地上。激战时，弹药、水、干粮等必需品一时送不上阵地，士兵们渴得嗓子冒烟，一两顿没饭吃是常事；弹药用完了，就用刺刀与敌人肉搏……有一个山头，战事异常激烈，水和饭都没法送上去。等到两个炊事兵冒着危险艰难地把吃的喝的送上山，一看阵地上，所有战友都倒在血泊中，壮烈牺牲了。两个炊事兵不禁号啕大哭。他们在阵地上撒下几碗饭用来祭奠战友，又把担子挑下山，送往别的阵地……

有一位在这场战斗中幸存的中国军人，若干年后向人们讲述战场的残酷之况：他们奉命坚守的某个山头，因缺乏弹药，人员不足，最终被敌人攻克。他的一位战友，在与敌人拼刺刀时，刺刀穿透敌人的身体后，刀尖撞到石头上毁坏，他丢下枪，顺手抓起一把铁镐。这时，另一个日军士兵的刺刀又刺了过来……这位战友在倒下之前，用尽全身力气，举起铁镐向敌人砸下，敲碎了敌人的脑袋，与敌人同归于尽……那位幸存的中国士兵负伤后昏了过去，后来被救活。

十数天后，战火终于平息下来，阵地上一片肃静。山上的泥土，被炮弹炸成一个个大坑，有些地方，血把土染成了褐色。大树折断成数截，有的还在冒烟……只有一些不知名的花朵，在阳光下顽强地开放着……从牛头山，焦家山口，一直往西南延伸，好多座山岭，都是当年三桥的抗日战场，中国军队在这里浴血奋战，迟滞了敌人向南、向西进攻的态势，为“武汉会战”中国军队的兵力部署赢得了宝贵时间。

1937年8月的“淞沪会战”，彻底粉碎了日寇“三个月灭亡中国”的恶毒野心，让他们的狂妄叫嚣变成了失败后的哀鸣。而一年后的沙河会战，尤其是在三桥口及周边的抗日战场，成了埋葬两千余敌人的坟墓，也为随后的“万家岭大捷”打下了基础。整个沙河会战，也是1938年武汉会战的组成部分，总共进行了三十多天。在这一区域及周边地带，中国军人用热血和生命，表现出英勇顽强、誓死抵御外辱的民族精神和气节。

我站在八十多年前的三桥抗日战场旧址上，再次向周围眺望：一座座山冈，青松挺立，满目苍翠；庐山西站和高铁新区的重点工程建设正在加紧进行。这是建设新生活的“会战”，通往幸福美好的明天。

四、红色纪事

狮子，是赣北岷山革命根据地的重要组成部分，也是共产党领导下的苏维埃“红区”与国民党地方反动派统治下的“白区”争夺最为胶着激烈的重点区域。无数共产党员和革命群众为了保卫红色政权，为了新中国的成立前仆后继，抛头颅，洒热血，献出了青春与生命。他们的身体力行，谱写了一曲曲动天地、泣鬼神的时代赞歌。

白西区委书记李和清传略

李自炉

李和清，九江县白鹤乡黄土塥坂上李家（今九江市柴桑区狮子街道牌楼村三组）人，清光绪三十年（1904）腊月初十出生于一个农民家庭。他自幼天资聪慧，读书过目不忘。先生教多少，他当即就可以背多少。所作文章，也超出常人的见识和胆略。他的作文不仅是先生用来作为同学们学习的范文，还被社会贤达所赏识，称之为“不为池中之物，将来必成大器”。先生教一本，放下课本，他就背熟一本；先生讲一课，他就能触类旁通，领悟精要。于是，先生主动向家长提出来应另请高人，这么好的苗子，不要被耽误了。

时值晚清，目击清廷腐败，官场黑暗，社会动乱不安，李和清也放弃了靠读书去做官发财的途径，选择了为贫苦大众求解放的革命之路。1928 年，他毅然参加了革命。不久，他光荣加入中国共产党，受党组织派遣，回家乡开展土地革命，发动群众抗租抗税，将家乡的土地革命运动搞得如火如荼。因工作出色，他历任地下党支部书记、白西区区委书记。

在李和清的领导下，白西区的农民运动开展得轰轰烈烈，引起了国民党地方当局的恐慌，并开始搜捕缉拿李和清。国民党地方当局在罗家大屋背后的大路上四处张贴布告，写着“捉拿赣北委员长、白西区委书记李和清”。由于形势严峻，为摆脱地方当局的追捕，李和清及白西区区委不得不转移到岷山花盘鸡笼村，继续领导白西区人民开展革命斗争。

1930 年 7 月开始，赣北红军根据中央指示，二上阳新扩充红军主力。鉴于李和清对当地情况熟悉，有扎实的群众基础，对敌斗争经验丰富，党组织决定将李和清留下，带领部分游击队队员，在岷山革命根据地继续坚持武装斗争。

赣北主力红军上阳新之后，国民党当局对岷山根据地进行了一次又一次的“围剿”，敌人四处杀人放火，无恶不作。在一次行动中，李和清被敌人包围，终因敌众我寡，不幸被捕。当时国民党正规部队一个姓张的团长，见李和清相貌堂堂，气势不凡，很赏识他的才能，认为他是不可多得的人才，多次劝降，均被李和清严词拒绝。

1930 年农历冬月二十五日，李和清被国民党反动派杀害于雨淋村蟹子林，年仅 26 岁。

张荣镜烈士传略

徐增裕

张荣镜，男，1902 年 8 月出生于九江市柴桑区狮子街道龙岗村一位农民家庭。少年时念过几年私塾，在国民教育普遍低下的年代，称得上是通书达理的文化人。加之为人豁达，肝胆相照，讲义气，有胆识，追求进步，向往真理，在周边村民中享有很高威望。

1927 年，张荣镜毅然参加革命，编入赤卫队，担任赤卫队队长。1928 年 10 月，他和中共仙南区区委书记孙传荣、赤卫队队员周永华一道，假扮“买牛客”，前往处在九江县和瑞昌市边境的四华山上脚盆寺古庙，巧妙地摧毁了国民党反动派设立在脚盆寺的靖卫团团部，并取得了彻底的胜利。

1928 年底，张荣镜参加了赣北工农红军游击队，同年 7 月加入中国共产党。1929 年，他担任红军游击大队某中队队长、中队指导员。1930 年，张荣镜所在部队奉命上阳新扩充主力红军，编入主力红军。1932 年，张荣镜奉命参加湘鄂赣省委党校第五分校学习半年，毕业回到部队，后被任命为红军师政委。中央红军长征之后，国民党反动派加紧了对革命根据地的疯狂“围剿”，张荣镜率部开展了残酷的“反围剿”斗争。1935 年 3 月，在与国民党反动派军队的作战中张荣镜英勇牺牲，时年 33 岁。

刘为泗大义灭亲斩姑表

刘为珍

在九江、德安、瑞昌三县交界的不远处，有条小溪叫陶溪，溪上有座桥叫黄金桥，桥头有座山岭叫鸡公岭，岭上居住着一二十户人家。这鸡公岭，岭不长，村不大，但位处要冲，曾为商贸流通的繁华之地。大革命时期，直辖于中共赣北工委的黄金中心区委就设在这里。离驻地不远的社墩叫杀虎墩，这杀虎墩的由来是赣北工委书记刘为泗大义灭亲的一个真实故事。

故事发生在抗战初期。1938 年 7 月 25 日，赣北门户九江沦陷于日寇的铁蹄之下。城里的阔佬和乡下的大户都携带细软逃往西北大后方，没钱的平民百姓也拖儿带女东躲西藏。这时在九江县城门、新塘一带出现了由 18 个流氓地痞组成的强盗团伙。他们白天为民，黑夜为盗，到逃难人家抄搜贵重物什；或遇有逃难百姓，拦路抢劫。不说哪家卖头肉猪，就是卖只母鸡也不得安宁！这伙强盗有时穿上戏服，装神弄鬼；有时抹黑面部，明火执仗。其中两个魔头，一个扮作“牛头”，一个扮作“马面”，凶暴残忍。在陶溪冲鸡公岭一带领导赣北抗日的中共赣北工委决定为民除害，歼灭这伙民族败类。

一天，工委书记刘为泗接到赣北抗日民主联合办事处副主任黄泽涛的密报，九德瑞边区区长童善文正在与人做一笔军火交易，打算用5000大洋购买一批枪支弹药，用来装备这伙强盗，拥为己有。如果得逞，这伙强盗将会变本加厉，与日寇狼狈为奸，对赣北抗日局势极为不利。工委决定，抢先购买这批武器。时值抗战困难时期，我游击队队员食不果腹，衣不遮体，不要说5000大洋，就是50大洋也来之不易。俗话说：“一文钱难倒英雄汉！”为筹集这笔资金，赣北工委从书记到委员还真的急得鞭打陀螺——团团转。正在大家一筹莫展之时，黄泽涛传来消息，他已变卖家产，筹到

2500元，剩下一半务必在三天内凑齐，越快越好。虽说已筹到一半，可另一半却毫无着落。就在大家为另一半发愁时，妇女部部长徐木秀突然提起一个人，刘为泗一听，高兴得一拍大腿："嘿，我怎么没想到呢！"

徐木秀提起的，刘为泗没想到的是谁呢？她，就是刘为泗的姑母、徐木秀的舅母刘腊花老人！

刘为泗出生在九江县岷山乡破塘刘村一个贫苦家庭，父母早亡，是姑母刘腊花一手将他拉扯成人。姑父范老先生白手起家，先是在一家饭铺做伙计，后来自己也开起了饭铺，又杀猪宰牛做豆腐，家道日渐殷实。生有两个儿子，大的叫传灼，小的叫传兴。老人苦于自己晒筐大的字不识一谷箩，为不让儿子再做"睁眼瞎"，老大九岁、老小七岁时便聘师启蒙。刘为泗、徐木秀也跟着沾了光，同窗就读。哪知范家兄弟天生好动，屁股长刺，一坐下来不是栽头碰脑打瞌睡，就是长哼短叹肚子痛，几年下来也不见长进。范老先生见儿子不是读书的料，索性请来武师习武。兄弟俩果真武学见长，几年工夫，拳棍刀枪，无一不通。临出师那年，按规矩"打师父出场"，老大见弟弟打不过师父，从背后偷袭，一棍打断师父三根肋骨！范家兄弟也由此恶名乡里。为人厚道的范老先生看在眼里，气在心头，连气带病，卧床不起。半年后，自恨管不住逆子，也撇下老伴，撒手西去。范家兄弟接管家业，更是财大气粗，霸道横行，成了村邻惹不得的"范老虎"。不过，他们对刘为泗、徐木秀却亲如弟妹。刘为泗和徐木秀自范家相识，情谊日深，在刘腊花老人的撮合下，结为夫妻，后又双双投身革命。

不说工委当即决定派徐木秀同经济部部长钱少卿一起，带人去范家铺向刘腊花老人筹款。却说刘腊花老人，近来一直坐立不安。九江沦陷后，范家店铺相继关门，两个儿子也称外出做生意，常常夜不归宿。虽说在外做生意，却又隔三岔五派人送来或拿走一些东西。深更半夜，大箱进，小柜出，追问起来，说是先生近来生意顺手，再过几天，还会亲自回家一趟。

正在老人提心吊胆地坐在门口，望儿子回家时，却迎来徐木秀一行。待徐木秀说明来意，刘腊花老人一言不发，拄起拐杖，从堂屋走到房里，又从屋里走到院外，进进出出，来来回回。自上阳新前一别，八年不见，当年推磨劈柴打豆腐，走起路来一阵风的舅母，早已被无情的岁月带走了，剩下的只是连风也会吹倒的瘦弱躯体。也许殷实的家底早被表哥挥霍一空，真不该开口让舅母为难。

"舅母，有难处，不要放在心上，我们再想其他办法。"徐木秀正要上前搀扶老人。只见老人突然放下拐杖，拿起一把锄头，在院内那棵芭蕉树下刨出一口缸来，对徐木秀说："秀儿，你也知道表哥不争气，你和泗儿又离得远，你舅父怕我无依靠，就瞒着他俩给我留下这缸养老钱，你们拿去买枪打洋人吧！我老了，再也顾不到你们兄妹四个，如今世道不太平，哪个我都放心不下啊！"

老人心慈，徐木秀也热泪盈眶。钱少卿带领战士清点银圆，不多不少，整整5000。老人一元也不让留下，全部拿去打鬼子。徐木秀含泪告别舅母，一行匆匆赶回工委。黄昏时候，就赶到石板冲孙家上屋。突然从一间旧屋里传来断断续续的求饶声。队员报告，有三个打二花脸的强盗将人倒吊在梁上，鼻下还点起了一束烟香。两人一合计，徐木秀带领队员救人，钱少卿护款接应。徐木秀看上去一身文静，而早就是一位身经百战的老战士了。他们不费一枪一弹就把歹徒制服，并救下群众。原来这家15块银圆卖了一头黄牛，哪知走漏风声，10元早就还了债，5元交出后，强盗还要10元！不是队员们来得及时，他们险些被烟香活活熏死。

徐木秀一行筹到款，救了群众，还抓住三个强盗，真可谓"一石三鸟"，大家皆大欢喜，在点灯时分就赶回了驻地。组织部部长田文灼、宣传部部长辛忠荩等和刘为泗一起早早迎到村口。徐木秀、钱少卿向同志们讲述了别后经过，游击大队政委李顺希接过话头："就差三个呢，正好等米下锅，一锅烂！"

李政委这一说，徐木秀他们倒成了丈二和尚——摸不着头脑！原来，黄泽涛刚卖掉家产，赣北工委立刻采取防范措施，并设计"引蛇出洞"。一面放出风声，说黄泽涛卖掉家产，近日将携款入川；一面派人在黄家设伏，张网以待。果真，另一伙强盗舍不得放弃就在嘴边的那块大肥肉。"牛头""马面"等15个强盗闯入黄家，自投罗网。另三个也无意中被捕获，18强盗，无一漏网。真是天网恢恢，疏而不漏。

大伙谈兴正浓，这时，负责审讯盗匪的中队长王仪嘉来报：有两个强盗宁死也不肯摘下"牛头""马面"，该如何处置？

"押进来，我倒要会会阎罗殿前这对恶鬼！"仍沉浸在兴奋之中的刘为泗吩咐。不一会儿，"牛头""马面"被推了进来。几个队员颇费工夫，才把面具强行摘了下来。这一摘非同小可，连刘为泗也大吃一惊，徐木秀更是惊叫起来。原来，摘去"牛头""马面"面具的强盗正是他们从小一起长大的表哥范传灼、范传兴！

"泗老表，饶命！""秀妹，舅母还等我们回去养老送终啊！"昔日的"范老虎"、今日的恶强盗双双跪在刘为泗他们面前。

徐木秀也情不自禁地扑上去，跪在表兄面前，与他们一起抱头痛哭："灼哥、兴哥，你们怎么这样傻！这样糊涂！这该怎么办？怎么办？"

"先带下去！""牛头""马面"的真面目，还真的让刘为泗不知所措。表兄的哀求声由近而远渐渐消失在浓浓的黑夜之中，而儿时的记忆却由远及近一幕幕浮现在眼前：那为非作歹的“牛头”“马面”，就是一起玩耍一起读书又一起习武的灼哥、兴哥？对别人凶狠，而对自己从未嫌弃、从未动过一个指头的灼哥、兴哥？是还要替有养育之恩的姑母养老送终的灼哥、兴哥？……刘为泗陷入深深的痛苦之中。

一边是从小一起生活亲如兄弟的手足之情，一边是为民除害惩恶扬善的神圣责任！情与理，孰轻孰重？这对刘为泗来说也是一场不亚于刺刀见红的生死较量。

1938 年 10 月 15 日，鸡公岭前的社墩上挤满了人，十八强盗公审大会在这里召开。大会由田文灼主持。辛忠荩代表工委控诉了强盗的滔天罪行。田文灼宣布了工委的决定，将“范老虎”等首恶分子执行枪决！这时，刘为泗夫妇一身便装从人群里挤出来，刘为泗拿着一坛酒，徐木秀提着一篮饭菜，他们来到范家兄弟面前，吩咐执刑人员松绑摆座。徐木秀摆上饭菜，刘为泗给表兄各斟满一碗酒，自己也端起满满一碗：“两位表哥，我们送行来了，不是我们无情，是法理不容啊！”“舅母也是秀妹的亲母！我们养老……送终！”徐木秀早已泣不成声……

正午时分，钱少卿和黄泽涛一行押着那批枪械回到工委驻地。这时，黄金桥头一阵枪响，自此盗害匿迹，百姓免除一患。人们为纪念这一义举，将社墩改名为杀虎墩。这正是：

毁家纾难，黄泽涛变卖家产范母献出养老钱；

忠悌难全，刘为泗大义灭亲木秀哭断手足情。

（此文获江西省文联组织的“鸿豪杯”故事赛三等奖）

王植金烈士被害前后情况

王人炎口述 / 王品科记录

王植金，字瑞亭，又名王丽生，男，汉族，生于1905年6月8日（农历五月初六），九江县狮子玉米垅人，中共地下党员，1927年参加革命，任党的地下特支书记。1929年9月18日（农历八月十六日），被国民党反动派杀害于狮子牌楼，年仅24岁。

1985年农历五月初六，适逢王植金烈士80周年诞辰，我回老家探亲，曾到烈士坟上凭吊。我父亲给我讲述了王植金烈士牺牲前后的情况。以下是我父亲口述的原始记录。

我生于光绪二十七年（1901）冬月十六，植金生于光绪三十一年（1905）五月初六，我比他大4岁，我们两家住在一个垅里，相距仅四五百米，中间只隔一个小山嘴，山嘴上有一棵好大的樟树。他屋后有一片山林，有许多树木和竹林，风景很漂亮。小时候，我们俩常在这里玩耍，在一起放牛，在一起砍柴，是非常要好的玩伴。

我家很穷，从小没有读书，是个文盲，十几岁就参加了农业生产劳动。植金读了书，有文化，在韦家岭私塾教书。他以教书为掩护，秘密从事革命活动。

当时，鸡公岭外号“五痞”（黄家最小的儿子，其大哥叫黄家琼，二哥叫黄家瓒）的也是共产党地下党员。胡塝、胡白莲是植金的通讯员。胡为植金送信送饷。白莲不幸被抓被杀害。植金与白莲是一年死的，植金被害后，杞楂洼黄家莲也被枪杀。最后，“五痞”在黄土塴被枪杀。据说，黄家莲负责到住岭、沙河、九江糊标语。植金在家写标语，有时也带人出去张贴，都是秘密进行的，我们老百姓开始都不知晓。

民国十八年（1929）八月十六，上午黄学团总娄文家派国民党兵以收田亩捐名义来捉人。在植金家没有见到人，就在王家煮饭吃，有的兵在大樟树下放枪。此时植金正在垅对面李高士屋场。李高士屋场李荣木跟其叔父李德昌顶继。德昌请植金为其写顶继合同。说说写写，搞了一上午。听到枪响，德昌说是收粮的，没有事。

娄湾娄文家房下侄子娄钱英偷垅塝上王家的树，此事被王家到县里告发了，钱英办酒赔礼，文家还陪酒。怀疑是植金写的状纸，怀恨在心。探到植金是共产党的情报，文家顿起杀心，公私两报。

植金听到枪声后，有警觉，马上从后门出去，从屋场下首树林往韦家岭方向跑。

韦家岭路上有两个挑锅的，是新合凌家山人（是垅塝上老凌娘家侄子，老凌是王植龙房下婆婆）。国民党听说植金在李高士屋场，急忙往这边赶。他们一边追一边喊："哥呀，把他捉住……"其中有一个人装跌倒，另一个人却把植金一把箍住。国民党兵一拥而上将植金死死抓住，绳绑索提，押往驻扎在黄土塝的黄学团部。

植金在黄土塝洪先生那里读书，是洪先生的得意门生。洪先生当年在黄一坊教书，住在一坊。塔岭畈洪经提（黄家瓒姐夫）在黄学团部。听说植金被捉，洪先生立即坐轿子赶往团部去保释。赶到杨坳听到枪响，就知道大事不好，知道植金已被杀害。原来，娄文家怕押到团部有变，就密令在半路上将其杀害。植金被杀的地点就在牌楼上首胡子堰。

植金被杀害后，无人敢去收尸。我邀李昌坡等几个农友冒险去牌楼，用竹床把遗体抬回家，草草葬于本宅后首的祖坟山。两年后方以其子怀清名义立碑。

杀人现场惨不忍睹，血流遍地，植金荷包里一个铁烟盒都被打破了。我们一步一泪，把我儿时的玩伴抬回了家。

植金被害时年仅 24 岁，其子怀清只有 4 岁。他家田地都是我们几个儿时玩伴帮助耕种的。

几年后，国民党团部取消，文家回家养老。一天，文家在鸡公岭徐老细家分家说公道。共产党游击队邹庆友获讯带人来，把文家绳之以法。将作恶多端的徐律师（名叫徐五河）也捉去了，徐后来偷跑了，再次捉住也将其处置了。为植金等烈士报仇雪恨了，当时老百姓无不拍手叫好，很是开心。后来，邹庆友也被国民党反动派残酷杀害。

（此文原载于 2023 年第三期《柴桑人 · 狮子专刊》

光荣的土地蟹子林

罗克岩

这是一块平凡的土地，又是一块光荣的土地。在风雨如磐的旧中国，蟹子林是国民党反动派残酷杀害共产党人、红军战士、赤卫队队员的刑场。仅 1930 年前后，在蟹子林或蟹子林所在地罗家中门村殉难的革命先烈，载于《九江县志》的就有 21 位，还有一批由于各种原因而没有记录下来的先烈。总面积不足一亩的蟹子林，每一寸土地都浸透了革命先烈的热血，每一粒沙石都刻录着革命烈士的忠魂。先烈们在这里，用热血和生命践行了伟大的建党精神。

革命烈士纪念碑

一

蟹子林位于江西省九江市柴桑区狮子街道仲山村，在村村通公路和高标准农田机耕道交会处。往北大约 30 米左右是一条小河，临河北岸村庄叫罗家中门村，仲山村村民委员会就坐落在这里。蟹子林自古就是邻村牌楼村某村庄的祖坟山，至今，每年的清明和春节，还有人至此扫墓、祭祖。墓地中的坟堆之间有些灌木和杂草，另一端长有几棵杂树，周围是农田。根据当地村民讲述，这块地之所以叫蟹子林，是因为风水先生认为这是一块“蟹子地”。

亲历那段血与火的往事的人们都已不在世，村民们的回忆都是根据他们上一两辈人的讲述，当年蟹子林长满了大树，只有墓地中间区域有小片空场，林子外面看不到墓地里发生的事情，屠杀就是在林子中间的墓地进行的。

蟹子林为什么会成为赣北革命者殉难地呢？那要从 1927 年说起。

1927 年 4 月 12 日，蒋介石发动了“四一二”反革命政变，大批共产党员和革命群众被逮捕杀害。九江警备司令金汉鼎开始“礼送共产党员出境”，“限一切共产党员在三天内一律出境，否则人身不予保护”，开始其罪恶的“反共”。所谓“礼送”，不过是为了掩盖其破坏革命、屠杀工农的罪恶。南昌起义的枪声打响后，金汉鼎更是露出了狰狞的面目，按照原反动的九江县党部秘密拟制呈报国民党中央委员会的九江共产党员名单，派出大批军警到工厂、机关、学校大搜捕，一时间九江被一片白色恐怖所笼罩。赣北其他地区及乡村的反动派，纷纷成立“反共清剿委员会”“靖卫团”等反革命武装，对革命势力进行疯狂、野蛮的摧残。其中现城门街道金兰村黄鳝垅，就驻扎了一支被国民党反动派控制的白匪武装，他们以黄鳝垅为据点，欺压百姓，残酷镇压进步群众，屠杀共产党人，作恶多端，血债累累。

轰轰烈烈的大革命，在反动派的残酷镇压下暂时转入低潮。但是，人民是杀不绝的，革命火种是扑不灭的，共产党人是吓不倒的。1927 年 8 月 7 日，中共中央在湖北汉口召开“八七”紧急会议，确定了深入开展土地革命和武装反抗国民党反动派的总方针，把发动农民举行秋收暴动作为当前的主要任务。中共江西省委确定，完全接受中央的决议，并斟酌各县的情形拟订“秋暴计划”和“秋暴煽动大纲”。江西省省委秋暴计划明确指出：“须进行部分的骚扰捕杀豪绅反动派，抢夺政府或反动派枪支，暗杀官吏及反动的党部或团体的负责人。”“必须举行零碎的前仆后继，彼伏此起的暴动，如无新式武装，可用刀矛或者徒手暴动，即如鼓动群众一时的热情处决某个豪绅反动派，包围县政府，打击伪党部伪农协，殴打征收吏或催租人，都是群众暴动的表现，都是打破封建势力统治的工作。”

二

中央“八七”紧急会议精神和省委关于暴动的指示，使赣北的党组织、人民群众看到了前进的道路，革命者振奋起来了。9 月底，中共赣北特委成立，领导赣北人民武装暴动。很快，九江各地革命武装暴动相继举行，如德安农民暴动、星子暴动，都产生了非常大的影响，有效地打击了反动派曾经嚣张的气焰，推动了各地农民运动，激发了革命群众、游击队队员的斗争热情。随后，参加各地暴动的游击队陆续聚焦到岷山。

1927 年 12 月 26 日，赣北工农游击队成立大会在岷山朱家垄村召开，这是赣北历史上第一支中国共产党领导的人民武装，它的成立让岷山地区的革命有了主心骨，人民感觉有了靠山，推动了周边各县农民运动的蓬勃发展。在地方党组织的领导下，各地恢复了秘密农民协会、妇女解放协会，组建地方游击队或赤卫队，开展了打土豪、斗劣绅、抗租抗税、废债废捐、分粮分财等斗争，群众的革命热情空前高涨。在后来的几年时间里，赣北工农游击队以岷山为中心，在东到鄱阳湖口，西到武宁幕阜山地，北到湖北黄梅县境，南到永修云居山麓，纵横数百里的区域内开展游击斗争和革命活动，形成了以岷山为中心，包括九江、德安、瑞昌、星子、永修五县的岷山革命根据地。

蟹子林所在的仲山村罗家中门村，到岷山革命根据地的核心区金盘寺，抄近路大约 10 公里左右，现在沿狮岷公路驾车也不到 20 公里，距离九江城 20 多公里。这里是赣北工农游击队活动的中心区，仲山村的凌家山与岷山乡交，是游击队的常驻地之一，距离蟹子林也就 2 公里左右。这里也是白匪军进攻岷山革命根据地的前哨，仲山村驻扎了三股国民党反动武装，罗家中门村驻扎了一个连的白匪兵，不到 1 公里远的塘埂上驻扎着白匪兵孙家炉部，距离 1 公里左右的黄土墈驻扎着靖卫团。相距 2 公里左右的清修寺、5 公里左右的三桥，都驻扎了反动的“黄学”。这五股驻扎在仲山、牌楼、三桥三个邻村的反动武装，军事上互相呼应，行动上狼狈为奸，干尽了欺压人民的罪恶勾当，百姓对其恨之入骨。

反动派在罗家中门村设立囚禁革命者的监狱，一批批革命者被抓到这里，受尽折磨之后，一些人押送到省城南昌，一些人押送到县城九江，一些人就地枪决牺牲在村外的荒地河滩，一些人牺牲在蟹子林。

三

1929 年初，蒋桂战争爆发，原驻九江、德安、瑞昌等县的郭汝栋部戴岳旅调出九江，只剩下第七师的工兵营和靖卫团、保安队等地方武装，赣北地区的反革命势力相对削弱，出现了有利于革命发展的形势，九江县委（中心区域）抓住有利时机，决定开展大规模武装斗争。

1 月下旬，赣北红军独立营主力从湖北广济回师岷山根据地，决定趁国民党军队大部已撤走，地方靖卫团和保安队战斗力不强的机会，抓住时机，消灭靖卫团，夺取枪支子弹，扩大红军游击队，为建立正规红军做准备。

邬敦泽、曾先朋率领赣北红军游击大队 110 余人，从洼里陶村出发，攻打塘埂上孙家炉靖卫团。天未亮，游击队将塘埂上靖卫团包围，摸掉门岗后，冲进屋内，开枪射击，打死、打伤数人，剩下全部被俘，缴枪 28 支。

2 月中旬，赣北红军游击大队第一中队 50 余人，在中队长戴子贻的率领下，从瑞昌九都源经岷山，攻打黄土塅靖卫团。游击队黑夜行军，天未亮到达黄土塅，在靖卫团驻地前后埋伏兵力，将 60 人左右的靖卫团包围。消灭门岗后，游击队向驻地射击，一阵猛打，打死团总 1 人、团丁 10 人，俘虏 10 余人，缴获步枪 10 余支和子弹一批，其余团丁趁乱逃跑。

一连串胜利，不仅缴获了大批枪支、弹药，还筹集了一大笔经费。这打击了敌人的嚣张气焰，扩大了游击队的武装。军事上取得的胜利，也保证了年关斗争的顺利进行，解决了农民的粮食问题，极大地鼓舞了农民的革命热情。塘埂上孙家炉部、黄土塅靖卫团这两处反动武装被消灭后，革命者的斗争热情高涨起来，活动在狮子、岷山一带的游击队，积极参加攻打各地靖卫团的斗争。

到 1930 年，岷山根据地的苏区政权建设达到鼎盛时期，革命武装和群众组织在这里完全可以公开活动，形成了武装割据的局面。由狮子街道仲山村、牌楼村和岷山乡株岭村、花盘村等地为主力的赤卫队，多次出击攻打黄鳝垅，这股曾经猖獗一时的反动武装，在赤卫队的打击下，早没有了往日的嚣张气焰。广大农民群众扬眉吐气地开展轰轰烈烈的春夏荒斗争，废除国民党政府的一切苛捐杂税，清算地主豪绅的剥削账，强迫他们当众烧毁典租契约，交出农民所纳租谷，如有抗拒者，立即捕捉游乡，坚决斗争，并没收其全部仓谷。

四

1930 年 4 月下旬，白西区苏维埃政府在仲山村黄土塅成立，辖区相当今城门、狮子等地，彭欣喜任区苏维埃主席。

6 月，中共九江中心县委部分同志在凌家山召开了活动分子大会，有各地党团代表 200 余人参加，会议着重研究和布置了开展秋收斗争的问题，号召根据地人民在争取秋收斗争胜利的基础上，坚决把田地分配到户，会后各地迅速出现了秋收斗争的热潮，反革命势力被镇压了下去。

7 月，白西区开展土地革命，发动群众抗租、抗税、抗债，没收土豪劣绅的财产，数天之内，把豪绅地主土地上的庄稼全部收回来，分给贫苦农民。

8 月 18 日，仙南、白西等地少数红军和赤卫队数百人，同县警察大队、梭镖队 2000 余人激战于李家河，次日又转战于苏家山、陶溪冲、桐子岭等地，歼敌 140 余人，缴步枪 10 支，获土枪、梭镖无数。

8 月下旬，白西区赤卫队 80 余人，攻打三桥黄学，毙敌 20 余人，缴长枪 2 支、梭镖 15 支。接着又攻打清修寺黄学，打死 30 余人，活捉敌头目李传辉和王大拐子。

10 月，赤卫队获悉情报，国民党反动派有一批军事物资将于 11 日晚由沙河周转发往黄鳝垅。10 月 11 日晚，赤卫队以“出发”为行动代号，组织近 300 人的队伍前往沙河截取物资。队伍行进到今三桥村糍粑岭地段时，前方送来新的消息，物资已经提前运到黄鳝垅。赤卫队立即改变作战计划，向黄鳝垅方向进发。

赤卫队队员和黄鳝垅反动武装有过多次交手，根据以往的经验，这股敌人都是贪生怕死之辈，根本不是对手。尽管通往前方两侧都是高地，到达目的地需要经过中间狭长的山垅，而且是上坡路段，赤卫队也没有放在心上，谁知这个麻痹大意，竟导致了一场灾难。原来，几次败在赤卫队手下，狡猾的敌人不甘心失败，凭借有利地形负隅顽抗。他们把泥深及膝的水塘里的水抽尽，然后在稀泥上铺上一层厚厚的稻草作为伪装。赤卫队就这样一步一步进入了敌人的伏击圈，被居高临下的敌人打了个措手不及。待要撤退，却又深陷泥泞，行动艰难。一瞬间，70 多位赤卫队员含恨倒在黄鳝垅。这场战斗，仅狮子牌楼村和仲山村，就牺牲了大约 50 位赤卫队员。他们中绝大部分人都没有留下姓名，在县志中仅留下 6 人英名，分别是 16 岁的陈义锐、17 岁的曹衍坤、25 岁的洪化森、26 岁的帅能杰、28 岁的洪芝连、31 岁的吴仕贵。

五

1930 年 6 月开始，为了配合以武汉为中心的全国总暴动，赣北红军游击队改编为中央红军。7 月 6 日，赣北红军主力，向鄂东苏区阳新前进。赣北红军游击队改编为中国工农红军第八军第五纵队，后来红八军四、五纵队合并，成立红十五军，原红五纵队改为红三团，从此，这支队伍跟随红十五军战斗在鄂豫皖苏区，参加了二万五千里长征，后胜利到达延安。赣北主力红军开赴阳新以后，岷山根据地及周边县区的革命力量和党的领导大为削弱。中国共产党的组织遭到空前大破坏，在国民党军队疯狂向岷山根据地发动围攻以及敌众我寡的情况下，为了保存有生力量，从而更有效地打破敌人的“围剿”计划，赣北红军游击队决定二上阳新，与主力红军合并。赣北红军游击队二上阳新以后，留下的党员干部和少数游击队队员在十分恶劣的环境下坚持斗争，武装力量比较薄弱，革命处于低潮时期。

这时，反动派与地方一些反动势力非常猖獗，九江地方武装纠集“黄学”数千人，向狮子、岷山杀来，公开发出“杀上岷山，掘地三尺”叫嚣。疯狂反扑的国民党反动派，对共产党人、赤卫队队员展开了拉网式的“围剿”，无数先烈相继被捕，惨遭毒手，英勇牺牲。他们还并对红色区域实行“烧杀抢”三光政策，狮子、岷山人民遭受了非常惨重的损失。

由于参加黄鳝垅战斗的赤卫队主要来自狮子街道的仲山村、牌楼村和岷山乡的花盘村、株岭村，敌人从九江调来大批正规部队，对这几个村进行了疯狂的进攻。敌人扩大了罗家中门村监狱的规模，只要有嫌疑、被举报的人员，就会被关进监狱，一大批我党优秀党员、赤卫队队员被抓被杀，为了劳苦大众的解放，长眠在蟹子林或罗家中门村。

今天，站在蟹子林这块英雄的土地上，眼前是革命先烈用生命保卫的家园，重温他们的英雄故事，感受他们坚定无畏的步伐，认识到我们今天的幸福生活，就是这些有名或无名的英雄，用英勇的牺牲换来的。在革命浴血奋战的史册里，永远记载着蟹子林，这块在中国共产党人的初心和精神谱系里熠熠生辉的热土。

下列牺牲在蟹子林或罗家中门村的21位烈士，载于《九江县志》，让我们永远铭记他们的英名（按《九江县志》记述顺序排列）：

张照湖，光绪十七年（1891）生，狮子人，中共党员。1926年参加革命，江北区委书记。1930年12月，被敌杀害于罗家中门蟹子林。

蔺传池，光绪二十三年（1897）生，狮子人，中共党员。1927年参加革命，白西区第八乡乡长。1930年，被敌杀害于蟹子林。

李和清，光绪三十二年（1906）生，狮子人，中共党员。1928年参加革命，党的地下支部负责人。1930年，被敌杀害于蟹子林。

伍洪头，光绪二十八年（1902）生，狮子人。1930年参加革命，赤卫队队员。同年，被敌杀害于蟹子林。

徐泽全，光绪三十四年（1908）生，狮子人，中共党员。1930年参加革命，白西区第七乡武装委员。同年，被敌杀害于蟹子林。

曾明旺，光绪二十七年（1901）生，江西省九江县人，中共党员。生前为北西区五乡党支部书记。1930年，被敌杀害于蟹子林。

欧宗清，光绪二十一年（1895）生，岷山人。1925年参加革命，乡苏委员。1930年，被国民党反动派杀害于罗家中门。

帅明章，光绪二十二年（1896）生，岷山人。1927年参加革命，赤卫队中队长。1930年，被敌杀害于罗家中门。

黄家良，光绪二十五年（1899）生，狮子人。1928年参加革命，村苏委员。1930年，被国民党反动派杀害于罗家中门。

罗其连，宣统三年（1911）生，狮子人。中共党员。1928年参加革命，乡党支部书记。1930年，被敌杀害于罗家中门。

高家坤，光绪二十七年（1901）生，狮子人。1929年参加革命，赤卫队队员。1930年，被国民党反动派杀害于罗家中门。

王氏，女，光绪二十八年（1902）生，狮子人。1930年参加革命，赤卫队通信员。同年，被国民党反动派杀害于罗家中门。

张荣沐，光绪三十三年（1907）生，岷山人。1927年参加革命，红军连长。1931年1月，被国民党反动派杀害于罗家中门。

李开柳，民国元年（1912）生，岷山人，中共党员。1927年参加革命，青年团区委书记。1931年，被国民党反动派杀害于罗家中门。

傅立银，宣统元年（1909）生，岷山人，中共党员。1927年参加革命，赤卫队队员。1931年，被国民党反动派杀害于罗家中门。

洪育喜，宣统元年（1909）生，岷山人。1930年参加革命，赤卫队队员。1931年，被敌杀害于罗家中门。

罗德运，光绪三十二年（1906）生，狮子人，中共党员。1927年参加革命，赣北红军游击大队战士。1929年9月，被国民党反动派杀害于雨淋。

余茂喜，光绪二十二年（1896）生，狮子人，中共党员。1928年参加革命，赤卫队党支部书记。1929年9月，被敌杀害于雨淋。

陈明山，光绪二十七年（1901）生，岷山人。1927年参加革命，赤卫队队员。1929年，被国民党反动派杀害于雨淋。

彭欣喜，光绪二十三年（1897）生，岷山人，中共党员。1928年参加革命，区委书记。1931年，被国民党反动派杀害于雨淋。

陈梅兴，光绪三十二年（1906）生，岷山人，中共党员。1935年参加革命，区委书记。1942年，在新塘遭敌捕被杀害于雨淋。

鸡公岭与十八踏之变迁

邹良兴

鸡公岭村庄，今隶属柴桑区狮子街道朗山村 20 组（原黄金村 7 组，2007 年合并为朗山村）。因村庄地势地貌似金鸡俯卧而取名为“鸡公岭”。进村需要经过“十八踏”，即由石条铺就的十八级台阶，其旁有棵大樟树，郁郁葱葱，可蔽日挡雨。

据前辈回忆：在大革命时期，鸡公岭是红军赤卫队与岷山根据地秘密联络点。在白色恐怖年代，各地红军人员，常在夜深人静之时，跋山涉水来“十八踏”的大樟树下，碰头商讨政要及战斗部署。

1958 年，为兴修水利，鸡公岭保存完好的十八踏石条（长 2 米、宽 1.5 米、厚 0.8 米），多达 120 余块被撬走，大樟树一并被砍伐，为兴修朗山水库工程所用。如今，尽管十八踏的原貌已不复存在，但十八踏的盛名仍在流传。

亲历九江县第八区政权诞生记

黄训乾

我叫黄训乾，生于1931年9月，今年满92岁，是狮子街道煤山村破塘大屋人，有幸参加了新中国九江县第八区政权成立和建设工作，现将我的亲身经历记录如下。

1949年5月九江解放后，在中共九江县委和县政府的领导下，全县各地相继及时成立了区级人民政府，即新港区政府、大桥区政府、沙河区政府、港口区政府、新塘区政府、马回岭区政府和十里铺区政府。今狮子、城门两地，当时东面划归沙河区，西面划归新塘区。到1950年，又先后增设了城门区和江洲区。至此九江县共设有九个区级政府机关，排列顺序为：第一区辖今新港等地，第二区辖今虞家河、威家镇、姑塘镇等地，第三区辖今沙河、赛阳等地，第四区辖今港口、永安、城子镇等地，第五区辖今新塘、新合、涌泉等地，第六区辖今马回岭、黄老门等地，第七区辖今十里铺、莲花、茅山头等地，第八区辖今城门、狮子、岷山等地，第九区辖今江洲、新洲等地。

第八区政府正式成立的时间是1950年2月26日。我作为住岭选区代表和三桥选区代表吴学淦及乡农会主席董光火、乡长王经桃一起参加了第八区政府正式成立大会。大会的地点就设在区政府会议室，即狮子王一我村王品茂先生家的两层旧式青砖老瓦屋里。成立大会于当晚7点准时开始。大会由区委书记蔡天祥主持，区长高云程做了长篇讲话。区长讲话高亢激昂、洪亮有力，不断被到会人的掌声打断。县委派代表王冶明、朴林玉参加了大会。各乡到会的有农会主席、乡长及选区代表和部分群众代表。他们是：花盘乡农会主席王烈圣，乡长孔庆炎；雨淋乡农会主席谢昌伟，乡长邹儒富；牌楼乡农会主席黄克银，乡长伍昌火；住岭乡农会主席董光伙，乡长王经桃；陶溪乡农会主席赵茂林，乡长费崇菊；龙岗乡农会主席张贤彬，乡长施新淦；石桥乡农会主席胡仕忠，乡长叶某某；白鹤乡农会主席赵大炎，乡长魏朝伦；杨柳乡农会主席陈义松，乡长王品炎；金兰乡农会主席罗享旺，乡长吴仕旺；徽州乡农会主席黄世松，乡长朱保荣；白马乡农会主席刘发记，乡长魏运莆；麒麟乡农会主席高道全，乡长赵通银；兴联乡农会主席杨荣标，乡长高道春。参加大会的还有各乡政府民兵中队队长和妇女主任代表，如住岭乡民兵中队队长李文炳，陶溪乡民兵中队队长黄家淦；杨柳乡妇女主任徐秀英，龙岗乡妇女主任陈文香等，共计 150 多人。会议持续两天两晚，其间发展个别积极分子为共产党员和共青团员。我本人就是大会期间申请得到批准的住岭乡第一名共青团员。会后回乡成立团支部，我担任团支部书记。后来，我于 1951 年被调到区里先后负责生产助理、组织干事等工作。

区政府成立之时，正是我党取得解放战争的完全胜利，领导全国各族人民进入新民主主义革命建设时期，各项工作千头万绪，从何做起？必须是有准备、有计划、有步骤地进行。

其一，大张旗鼓做好党的宣传工作。召开各种会议，张贴标语口号，宣讲共产党的政策。毛泽东主席领导下的共产党，是全心全意为人民服务的党。他领导全国人民推翻蒋介石国民党反动派政府，打倒地主恶霸，分田地予民，实现耕者有其田。领导人民大力发展农业生产，让广大贫农百姓过上有吃有穿、丰衣足食的好日子；领导人民建设社会主义和共产主义。

其二，抓紧建立健全基层政权各项组织，如各乡建立民兵中队，成立妇女联合会，发展建立青年团支部。各乡政府设立农会主席一人，乡长一人，文书一人。民兵中队队长和妇联主任各一人（半脱产）。针对当时土匪罗其淦的猖狂活动，必须大力加强社会治安。县公安地方武装大队派一武装中队进驻区政府所在地，保障社会治安，深入清匪剿霸，镇压反革命分子。

其三，充分发动人民群众，大力开展轰轰烈烈的农业春耕大生产运动。第八区政府成立伊始，很快进入春耕生产季节。要求全区上下齐心协力，组织开展农业生产大竞赛，坚决打响头年春耕生产第一仗。做到精耕细作，不误农时，耘草施肥，样样精细到位，力争到了秋天有一个大丰收。

正当各乡民兵中队组织相继建立完毕，全区上下喜气洋洋，在大干春耕之际，迎来了中华人民共和国成立后第一个五一国际劳动节。为此第八区政府在门前河边广场搭台，集中全区民兵召开誓师大会，隆重庆祝 1950 年五一国际劳动节。当日早上 8 点钟之前，各乡民兵中队队员手举五星红旗和民兵队旗，个个肩扛梭镖、土枪，高唱《没有共产党就没有新中国》《三大纪律八项注意》和《咱们工人有力量》等革命歌曲，轰轰烈烈步入会场；接着住岭完全小学和杨柳小学等少先队员、腰鼓队和秧歌队，打着腰鼓、扭着秧歌来到会场，紧接着各乡妇女和群众代表，腰系红绿飘带，敲锣打鼓入场；这边进场未完，那边民兵们掀起对歌竞赛高潮，这边唱，那边喊，“唱得好不好？”“好！”“再来一个要不要？”“要！”此起彼伏，一个高潮接一个高潮。

10时许，庆祝五一国际劳动节大会宣布开始，高唱《国际歌》，在欢呼声中，区委书记蔡天祥宣布庆祝五一国际劳动节大会开始，并发表了热情洋溢的讲话。大会在一遍又一遍高呼“毛主席万岁”“共产党万岁”的口号中结束。

其四，认真做好冬季全区进行土地改革运动的各项准备工作。深入宣传党的土地改革的伟大意义、方针政策，组织培训大批丈量田地的工作人员，培训积极分子。深入调查摸底，精准丈量好土地面积；充分发动群众，忆苦思甜，武装思想，迎接冬季轰轰烈烈的土地改革运动的到来。

时不过百日，真的心想事成，果然实现了头年农业生产大丰收。全区人民喜气洋洋，很快收割完水稻。在送交完公粮支援国家之后，土地改革大动员即将拉开序幕时，县委派来以王炎（女）同志为队长的动员土地改革宣传队和电影放映队来到八区，他们自带发电机和各种演出道具，如木制犁头、水车、铁锄、铁锹等。当晚演出歌剧《白毛女》《耕者有其田》等剧目。男演员化装成老黄牛，女演员化装成老农，一前一后表演来回动作，一面耕田，一面插秧，生动感人。次日夜晚放映电影《钢铁战士》，深受人民群众喜爱。

其五，建立健全区政府干部队伍。当时区政府工作人员统称为工作队，统一着装，在区委书记、区长的直接领导下开展工作。具体岗位分工是：区委书记蔡天祥，区长高云程、副区长朴林玉，下设区委组织委员、干事、宣传委员、生产助理、青年干事、妇女主任、干事、公安助理、文教干事、文书、财会、农技人员、通信员各1人，共计16人。他们大部分时间住在各乡，除文书、财务会计以外，都要下乡。个个身背行李卧具，携带步枪、手电筒、饭票等，住在各乡政府，吃在农民百姓家中。白天串村走户，下到田头地间，同农民一道参加生产劳动，夜晚到生产队、自然村组织群众一起开会学习，宣传党和国家的方针政策，宣讲共产主义，“楼上楼下、电灯电话”等，听取大家意见。如果县委有新的工作任务下达，住乡工作队队员全部回到区里开会。白天开完会以后，用完晚餐立即连夜赶到各自驻地（乡政府），召开各生产队干部和积极分子大会，传达县委会议精神不过夜。这就是当年区工作队队员的工作作风。

随着时间的推进和革命形势任务的变化，区政府各项中心工作任务年年不断变化更新。1951 年主要是土改复查；1952 年的中心任务是大力兴修水利；1953 年全面发展农业生产互助合作；1954 年发生了大水灾，沿湖各乡主要是组织防洪抢险，近山各乡主要是试点成立初级农业生产合作社；1955 年全面发展农业初级合作社；1956 年撤区并乡，全区 14 个乡合并成立 4 个大乡政府，即将花盘、雨淋、牌楼、住岭、陶溪合并为住岭乡，垅岗、石桥、白鹤合并为垅岗乡，杨柳、金兰、徽州合并为徽州乡，白马、麒麟、兴联合并为城门乡。从而顺利结束了第八区人民政府的历史使命，完成新民主主义革命阶段的历史任务，迎来社会主义建设新征程。我本人也于 1956 年 5 月调入九江县纪委工作。

狮子籍烈士英名录

一、第一、二次国内革命战争时期

罗德火 光绪二十五年（1899）出生，狮子人。1927年参加革命，红军通信员。1928年，被国民党反动派杀害于九江。

罗德运 光绪三十二年（1906）出生，狮子人，中共党员。1927年参加革命，赣北红军游击大队战士。1929年9月，被国民党反动派杀害于狮子雨淋。

余茂喜 光绪二十二年（1896）出生，狮子人，中共党员。1928年参加革命，赤卫队党支部书记。1929年9月，被敌杀害于雨淋。

王植金 光绪三十年（1904）出生，狮子人，中共党员。1927年参加革命，党的地下特支书记。1929年，被国民党反动派杀害于牌楼。

罗大梅 光绪十六年（1890）出生，狮子人。1928年参加革命，梭镖队队员。1930年6月，作战时牺牲。

李昌友 光绪十四年（1888）出生，狮子人。1930年参加革命，赤卫队分队长。同年7月，在古龙洲作战时牺牲。

革命烈士纪念塔

徐趣兰 女，光绪十九年（1893）出生，狮子人。1928年参加革命，赤卫队通信员。1930年8月给红军送信时，被国民党反动派杀害于丸窑垅。

黄大槐 1912年出生，狮子人。1930年参加革命，赤卫队队员。同年9月在古龙洲作战时牺牲。

曹衍坤 1913年出生，狮子人。1928年参加革命，赤卫队干事。1930 年 10月 11 日，被国民党反动派杀害于黄鳝垅。

刘念坤 1912 年出生，狮子人。1928 年参加革命，赤卫队排长。1930 年 10月，在德安县作战时牺牲。

娄文英 光绪二十八年（1902）出生，狮子人。1930 年参加革命，区委秘书。同年 10 月，被敌杀害于住刀岭。

娄文其 光绪三十一年（1905）出生，狮子人。1930 年参加革命，赤卫队中队长。同年 10 月，在阳新作战时牺牲。

张照湖 光绪十七年（1891）出生，狮子人，中共党员。1926 年参加革命，江北区委书记。1930 年 12 月，被敌杀害于罗家中门蟹子林。

蔺传池 光绪二十三年（1897）出生，狮子人，中共党员。1927 年参加革命，白西区第八乡乡长。1930 年，被敌杀害于蟹子林。

曾明旺 光绪二十八年（1902）出生，狮子人，中共党员。1927 年参加革命，白西区第五乡党支部书记。1930 年，被敌杀害于蟹子林。

洪化森 光绪三十一年（1905）出生，狮子人，中共党员。1927 年参加革命，赤卫队队员。1930 年，在黄鳝垅作战牺牲。

黄家良 光绪二十五年（1899）出生，狮子人。1928 年参加革命，村苏委员。1930 年，被国民党反动派杀害于罗家中门。

王品金 光绪三十一年（1905）出生，狮子人。1928 年参加革命，赤卫队司务长。1930 年，在湖北通山县牺牲。

李和清 光绪三十年（1904）出生，狮子人，中共党员。1928 年参加革命，党的地下支部负责人。1930 年，被敌杀害于蟹子林。

宁家洪 光绪三十四年（1908）出生，狮子人。1928 年参加革命，赤卫队队员。1930 年，在湖南省作战时牺牲。

魏朝淦 光绪三十四年（1908）出生，狮子人。1928 年参加革命，少年先锋队队员。1930 年，在阳新作战时牺牲。

魏朝金 宣统元年（1909）出生，狮子人。1928 年参加革命，少年先锋队队员。1930 年，在阳新作战时牺牲。

王仁银 宣统元年（1909）出生，狮子人。1928 年参加革命，赤卫队队员。1930 年，在湖北省作战时牺牲。

罗其连 宣统三年（1911）出生，狮子人，中共党员。1928 年参加革命，乡党支部书记。1930 年，被敌杀害于罗家中门。

高家坤　光绪二十七年（1901）出生，狮子人。1929年参加革命，赤卫队队员。1930年，被国民党反动派杀害于罗家中门。

洪化金　光绪三十三年（1907）出生，狮子人。1929年参加革命，赤卫队队员。1930年，被国民党反动派杀害于牌楼。

洪育汉　宣统二年（1910）出生，狮子人，中共党员。1929年参加革命，赤卫队文书。1930年，在攻打马回岭战斗中牺牲。

费本银　1912年出生，狮子人。1929年参加革命，赤卫队队员。1930年，被敌杀害于鸡公岭下。

吴仕贵　光绪二十五年（1899）出生，狮子人。1930年参加革命，赤卫队队员。同年，被敌杀害于黄鳝垅。

宁传清　光绪二十六年（1900）出生，狮子人。1930年参加革命，赤卫队队员。同年，在阳新作战时牺牲。

施天全　光绪二十七年（1901）出生，狮子人。1930年参加革命，任职不明。同年，被国民党反动派杀害。

洪芝连　光绪二十八年（1902）出生，狮子人。1930年参加革命，红军战士。同年在攻打黄鳝垅战斗中牺牲。

黄老八　光绪二十八年（1902）出生，狮子人。1930年参加革命，赤卫队队员。同年遭敌捕，牺牲于九江监狱。

王氏　女，光绪二十八年（1902）出生，狮子人。1930年参加革命，赤卫队通信员。同年，被国民党反动派杀害于罗家中门。

伍洪头　光绪二十八年（1902）出生，狮子人。1930年参加革命，赤卫队队员。同年，被敌杀害于蟹子林。

陈又权　光绪二十九年（1903）出生，狮子人。1930年参加革命，赤卫队队员。同年在黄金作战时牺牲。

洪育全　光绪三十年（1904）出生，狮子人，中共党员。1930年参加革命，红军队长。同年，在攻打马回岭战斗中牺牲。

帅能杰　光绪三十年（1904）出生，狮子人。1930年参加革命，少年先锋队队员。同年，在黄鳝垅作战时牺牲。

杨昌兴　光绪三十一年（1905）出生，狮子人。1930年参加革命，赤卫队队员。同年在阳新作战时牺牲。

王经南　光绪三十一年（1905）出生，狮子人。1930年参加革命，赤卫队队员。

同年，在湖北省作战时牺牲。

罗德淦 光绪三十二年（1906）出生，狮子人。1930 年参加革命，赤卫队队员。同年，被国民党反动派杀害。

黄其友 光绪三十二年（1906）出生，狮子人。1930 年参加革命，乡苏委员。同年在清修寺作战时牺牲。

王经钰 光绪三十四年（1908）出生，狮子人。1930 年参加革命，赤卫队队员。同年在湖北省作战时牺牲。

罗德保 光绪三十四年（1908）出生，狮子人。1930 年参加革命，少年先锋队队员。同年，在阳新作战时牺牲。

徐泽全 光绪三十四年（1908）出生，狮子人，中共党员。1930 年参加革命，白西区第七乡武装委员。同年，被敌杀害于蟹子林。

魏安清 宣统元年（1909）出生，狮子人。1930 年参加革命，少年先锋队队员。同年，在阳新作战时牺牲。

王经旺 宣统元年（1909）出生，狮子人。1930 年参加革命，赤卫队队员。同年，在湖北省作战时牺牲。

王品篪 宣统元年（1909）出生，狮子人。1930 年参加革命，赤卫队队员。同年，在湖北省作战时牺牲。

黄其银 宣统元年（1909）出生，狮子人。1930 年参加革命，少年先锋队队员。同年，在阳新作战时牺牲。

罗德兰 宣统元年（1909）出生，狮子人。1930 年参加革命，赤卫队队员。同年作战时牺牲。

罗德法 宣统二年（1910）出生，狮子人。1930 年参加革命，梭镖队队员。同年，在沙河作战时牺牲。

帅世松 宣统三年（1911）出生，狮子人。1930 年参加革命，赤卫队队员。同年，在阳新作战时牺牲。

魏道淦 1912 年出生，狮子人。1930 年参加革命，赣北红军独立团战士。同年，在阳新作战时牺牲。

彭世龙 1912 年出生，狮子人。1930 年参加革命，少年先锋队队员。同年被敌杀害于沙河。

徐诗荣 1912 年出生，狮子人。1930 年参加革命，赤卫队队员。同年，在湖北省作战时牺牲。

李金才 1912年出生，狮子人。1930年参加革命，赤卫队队员。同年被敌杀害。

王经五 1914年出生，狮子人。1930年参加革命，赤卫队队员。同年，在湖北省作战时牺牲。

陈义锐 1914年出生，狮子人。1930年参加革命，赤卫队队长。同年，在黄鳝垅作战时牺牲。

李金元 1914年出生，狮子人，中共党员。1930年参加革命，红三师指导员。同年，在阳新作战时牺牲。

罗玉移 1912年出生，狮子人。何时参加革命不详。红三师战士。1930年，在阳新作战时牺牲。

李荣林 同治五年（1866）出生，狮子人。1930年参加革命，赤卫队队员。1931年在瑞昌柯乐园作战时牺牲。

萧仁田 光绪十八年（1892）出生，狮子人，中共党员。1930年参加革命，区苏工作人员。1931年，遭敌捕获牺牲于九江狱中。

徐华炉 光绪二十八年（1902）出生，狮子人。1930年参加革命，红三师战士。1931年，在阳新作战时牺牲。

徐泽水 光绪三十一年（1905）出生，狮子人。1930年参加革命，赤卫队队员。1931年，在阳新作战时牺牲。

徐华桂 光绪三十四年（1908）出生，狮子人。1930年参加革命，少年先锋队队员。1931年，在瑞昌青山做地下工作时被捕牺牲。

苏后仁 1912年出生，狮子人。1930年参加革命，红三师战士。1931年，在湖北咸宁县作战时牺牲。

李丰兴 1914年出生，狮子人。1930年参加革命，红三师战士。1931年，在阳新作战时牺牲。

袁发松 1914年出生，狮子人。1930年参加革命，赤卫队队员。1932年，在湖北咸宁县作战时牺牲。

施天元 宣统二年（1910）出生，狮子人。1930年参加革命，红军排长。1933年，在中央苏区作战时牺牲。

张荣镜 光绪三十年（1904）出生，狮子人，中共党员。1927年参加革命，红军师政委。1934年参加长征，1935年3月5日在与国民党反动军队作战时牺牲。

邹庆友 1915年出生，狮子人。1928年参加革命，赤卫队指导员。1935年，被国民党反动派杀害于岷山郭家冲。

二、社会主义革命和建设时期

朱和宝 1927年出生，狮子人。1948年参加革命，中国人民志愿军第一一二师工兵营通信兵。1950年11月5日，在抗美援朝第一次战役中牺牲。

倪国森 1932年出生，狮子人。1950年1月参加革命，中国人民志愿军第三十五师一〇五团三连战士。1951年12月8日，在抗美援朝七四六五高地战斗中牺牲。

蔡茂水 1927年出生，狮子人，中共党员。1949年参加革命，中国人民志愿军第二十三军六十七师二〇〇团六连战士。1953年7月9日，在抗美援朝岘洞北山战斗中牺牲。

蔡茂煌 1928年出生，狮子人，中共党员。1949年参加革命，中国人民志愿军第六十七师二〇〇团六连副班长。1953年7月9日，在抗美援朝岘洞北山战斗中牺牲。

李先梅 1930年出生，狮子人。1949年参加革命，中国人民志愿军第四〇六团一营二连班长。1953年7月25日，在抗美援朝战斗中牺牲。

王龙梅 1918年出生，狮子人。1950年10月参加革命，中国人民志愿军战士。1953年，在抗美援朝战斗中牺牲。

刘远淦 1956年出生，狮子人，共青团员。1977年参加革命，人民解放军广西第五三〇五二部队八连战士。1979年2月26日，在对越自卫还击战八姑岭战斗中负重伤，后牺牲于南宁三〇三医院，追记三等功。

（摘于《九江县志》）

五、问俗采风

狮子，民风淳朴，勤劳节俭，守正敬业。士习诗书，率甘淡泊；农勤稼穑，砚田兼耕，商鲜忘义，恪守诚信。一方水土养育一方人，千百年以来，生活在这方水土上的百姓养成了属于自己的风尚时俗，也以自己的聪明才智创造出许多独具地方特色的非物质文化遗产，造就了一代代、一位位身怀绝技的高手能人。

岁时风俗

1. 春节

农历正月初一，俗称大年初一，为传统春节。这天黎明要鸣放爆竹，以示开门大吉。男丁聚集于祖堂或大门前设供桌，摆祭品，焚香五炷，朝东南西北中五方一一礼拜，谓之“出天方”，以祈求“出方大利”。早饭后，还要带香纸爆竹到祖堂向列祖列宗拜年，然后到丧家向上一年亡人灵台前拜“大年”，最后挨门串户给长辈拜年。初二开始，亲友互拜。新婚男人先拜岳父家，见长辈作双揖，以喻燕侣成双。外甥先拜舅家年，以娘舅为至尊。一般再忙，亲戚间都要互相拜年，如亲戚间不拜年，则视为断绝亲戚来往，叫“不走”。

2. 立春

二十四节气之一。历来以公历每年 2 月 3 日—5 日，太阳到黄经 315° 时（农历在当年正月或上年腊月）为春季开始，故有“新春大于年”之说。旧时当日聚丁于祖堂前，备香案、香炉与花瓶，插上柏树梅枝，待立春时分一到，立即焚香，鸣爆竹，礼拜天地，举行“迎春接福”之礼。

3. 元宵节

农历正月十五即“正月半”，称元宵节，因是新年第一个月圆之夜，又称上元节。俗有“三十夜的火，月半夜的灯”之说，又称灯节。这天晚餐兴吃糯米包芝麻做的“元宵团”。入夜，间间房屋都讲究要点亮灯火。有的地方还组织玩花灯，花灯以龙灯为主，还有狮灯、鲤鱼灯，配有踩高跷、踩莲船、耍蚌壳等，歌声悠扬，锣鼓喧天，爆竹阵阵，热热闹闹，祈求新年风调雨顺，国泰民安，人们常称“正月十五闹元宵”。

4. 清明

二十四节气之一。公历每年 4 月 4 日或 5 日（农历二月底或三月初），太阳到黄经 15° 时为清明节，历来有踏青扫墓的习俗。旧时清明节前后三天之间，宗亲相聚于祖堂或陵墓，宰牲祭祖。然后通族聚餐，俗称吃清明祭。清明节到先人墓地摆供果，插清明花，祭拜祖先。

5. 端午节

农历五月初五为端午节，亦称端阳节。这天家家大门两侧插香艾，挂菖蒲，祈求纳福祛邪。“香艾为帜招吉庆，菖蒲作剑斩妖魔”，这副联文就是人们插香艾挂菖蒲的寓意。这天人们还包粽子，做发粑，煮咸蛋做早餐，午餐全家共饮雄黄酒，小孩忌酒，便在额头抹雄黄以辟邪消灾。湖滨水乡在这天往往还要举行龙船比赛，俗称“赛龙船”，后发展成体育竞技项目。

6. 六月六

农历六月初六为天贶（kuàng）节，相传宋真宗赵恒某年六月六日，声称上天赐给他天书，于是定为天贶节。这天往往烈日炎炎，天干物燥，正是文人翻晒书籍、僧尼翻晒经典、妇女翻晒衣物、防霉防蠹的极佳日子。故又有“六月六晒红绿”之称谓。

7. 中元节

农历七月十五（俗称七月半）为中元节。相传自七月初一开始，先人亡灵回到阳间，十五日返回阴间。届期每日早中两餐前必供祀先人牌位，十四日晚，还要在野外为先人化纸烧包袱在冥间受用。故又有“鬼节”之称。若有新亡灵位者，还要举行“除灵”仪式，将亡灵登录祖宗牌上，所以又称为“上堂”。

8. 中秋节

农历八月十五，时值秋季正中、月亮最圆之际，又称为仲秋节或团圆节。亲戚间往往以月饼相馈，常称中秋月饼节。这天夜晚，一家人往往围坐阳台或稻场，吃饼赏月，谈古论今。

9. 重阳节

古人“九”为单数之极，称阳数，农历九月九日，为日月两个阳数，所以这天称为重阳节。古人在这天有登高赏菊、饮酒赋诗之习。今人发展为敬老节，以光大尊老孝长的传统风尚。

10. 腊八

农历腊月初八，简称“腊八”，相传为佛祖释迦牟尼成道日。寺院为供佛取香谷及果实等煮粥，谓之“腊八粥”。后传入民间，每逢这天，以糯米、芝麻、粟米、籼米、红豆、绿豆、花生、莲子等煮粥，叫“腊八粥”。又传一富家纨绔子弟，终日游手好闲，不思进取，坐吃祖上传下的产业，久而久之，坐吃山空，家业几乎殆尽。那年腊月，天寒地冻，家断粮，炊断烟，饥寒交迫，所幸缸缸囤囤中尚有零星杂粮充饥，才免饿死。后奋发图强，终于复兴家道。故吃腊八粥，又有规劝懒惰败家、天道酬勤之用意。

11. 除夕

农历腊月最末一天，月大三十，月小二十九，也即一年最末一天，新年即将开始的辞旧迎新之际，所以又称“过年”。为了迎接这一天，一家人忙里忙外，往往要做很长时间的准备，甚至是一年时间的积累，如过去农村家里养的猪鸡鹅羊、地里长的五谷物产，都是为过年而准备的。

“初七八做年粑，二十五打豆腐，二十八刣鸡鸭，二十九样样有，三十夜噼噼啪”，这首流传于民间的儿歌是旧时忙年的日程表。从中也可以看出为了这一天的到来，几乎是从腊月初就开始准备了。过年之前还有小年，小年是每年的腊月二十四（北方为腊月二十三日），这一天也是传说中灶神上天向玉帝述职的日子。这天早饭一般用糖煎粑祭祀灶神。灶神吃了糖粑，嘴上是甜的，向玉帝述职时，也就会多说些甜言蜜语，以祈求天帝多赐吉祥，正所谓“上天言好事，下天降福祥”。这天，趁灶神上天，家家户户掸扬尘，搞大扫除。选择这天还喻意腊月二十四以后就不再炒锅了，“炒”与“吵”谐音，此后全家人和和睦睦，不吵架拌嘴。

除夕这天，家家户户贴春联和门神，挂灯笼，门楣贴“春”字和花笺，厅室分别贴福、禄、寿、财、喜之类的年画。谷囤、鸡窝、猪圈、牛栏也分别贴“五谷丰登”“鸡鸭成群”“六畜兴旺”“长生水草”等小红纸条幅。下午，大人还要带小孩提香纸、爆竹、酒肉饭供品去祖坟山向先人坟墓祭奠，叫“辞岁”。晚上，举族男丁聚集祖堂，设香案，摆三牲，即“雄鸡、猪头、鲤鱼”，焚香、燃烛、鸣爆、放铳，向祖宗神龛行跪拜礼，谓之“还年”。礼毕，各自回家按辈分年龄依次入席吃年夜饭，俗称

“过大年”。因一家人团团圆圆，也叫团圆饭。由于各宗族习惯不同，也有以月大二十八日、月小二十七日过大年的。年夜饭是全年最丰盛的菜肴，菜名也多含有一定的寓意，比如鱼，寓意“年年有余”；青菜，寓意“四季常青”；圆子，寓意“圆圆满满”“团团圆圆”。吃过年夜饭后，一般要去左邻右舍家串门，对年长者说“慢慢过岁”，年长者还要给晚辈发“红包”，即压岁钱。家家在堂屋生火炉，叫“焕岁”。一家人围在火炉旁守到鸡啼或天亮，叫“守岁”。一般守岁还讲究要听黎明前是什么禽兽先开口，来预测新年年成丰稔，常说“鸡荒狗熟”。最吉祥的是“鹅嘶雁叫”，预示新年风调雨顺，国泰民安。

九江文曲戏（狮子·省级）

九江文曲戏源于赣鄂边境，有百年历史，是文词和民间小曲（调）结合而成的民间剧种，经历了由清唱、坐唱、三角班、草台演出到大台演出的发展过程。唱腔较为丰富，主要唱腔有十多种，常用曲调可分文词腔系、南词腔系、四板腔系和杂调腔系四种。

文词腔系：文词是文曲的基本唱腔，是剧种（曲种）的音乐主题，旋律有特色，能塑造不同的音乐形象，以适用于各种情绪，可快可慢，能喜能怒，唱什么像什么。具体分男、女文词，快、慢文词，扯文词，尺文词，花腔文词，还有文词数板、摇板、快板、导板等十多种。文词唱腔主胡定弦“2 和 6”，即商调式，强调的音是主音上方四级“5”。

南词腔系：南词腔系又叫仙人调，也是文曲主要唱腔。还魂调、点药等均属此类。它具有幻奇、梦游、低沉安静等各种不同情绪，调式特殊，全曲落音是徵，但起主音作用的却又是羽，得到支持最多的音是商。

四板腔系：也是文词常用唱腔，可分慢四板、快四板、哭四板、四板头、男平板、女平板、四平调、鲜花调、白牡丹、数板、四平等，它具有叙事、欢快、哀怨等各种不同的情绪，能塑造不同的音乐形象。主要是徵调式，也有宫调式和商调式，与文词较为接近。唱腔中出现非五声调式音 #4 和 #7，属于综合调式七声的运用。

杂调腔系：为了充实文曲唱腔，艺人们吸取民间小曲小调，如《九连环》《劝五更》《闹五更》《卖杂货》《卖花生》《十绣》等，使节奏明快、轻松，语言结合较紧密。但离文词风格较远，不宜多用，有碍文曲剧种韵味。

文曲戏的伴奏乐器是一把胡琴、一个扎板、一个盘碟。中华人民共和国成立后，新文艺工作者加入弹拨、打击、管弦等器乐，唱腔也随之发展。其传统演出本有《苏文表借衣》《王妈妈骂鸡》《皮瞎子算命》等十几个剧目。20 世纪 80 年代演出过现代戏《杜鹃山》等剧目。

2013 年，九江文曲戏经江西省人民政府批准列入第四批省级非物质文化遗产保护名录。

（此项目有省级代表性传承人一人：於青松；市级代表性传承人三人：洪中梅、肖斯树、严美英）

[延伸阅读]

仲山文曲戏剧团纪实

洪中梅

一

清末民初在九江县曾盛行一种叫“坐唱”的曲艺演出，县城坐唱艺人由原来十几人发展到五六十人，分为十几班，全城的大街小巷、茶酒馆店、旅馆餐楼、车船码头处处可听可见。大约在 1914 年前后，由湖北艺人在“坐唱”基础上学习汉剧的分行与表演，汲取汉剧音乐并配上锣鼓登台演出，创造出了一种新的戏种，并由黄梅、广济传入九江县。由于它表演形式轻便，曲调悠扬婉转，深受市民欢迎。1933 年，德化县（今柴桑区）人於全福、闵金保等人成立了三角班，一改过去清唱、坐唱的单调形式，逐渐向草台演出过渡。代表性剧目有《苏文表借衣》《玉堂春》《王妈妈骂鸡》《皮瞎子算命》等十几个剧目，辗转于九江及周边地区演出。

中华人民共和国成立后，民间艺人曾新编了一些配合党和政府中心工作、宣传党在各个时期方针政策的演唱曲目，如《土地改革好》《歌唱〈婚姻法〉》《妇女翻身歌》《人民公社是金桥》等。鼎盛时期，在柴桑区江洲、狮子、沙河、新塘、新合、永安、马回岭等地广为流传。它是由文词和民间小曲相结合所形成的文曲剧种（曲种），属清商音乐，旋律优美清新，音调柔婉中见深沉，说唱性较强，有浓郁的乡土气息和独特的民间风格。九江县文工剧团曾在省内德安、瑞昌、南昌和湖北黄梅等地演出过《宝莲灯》《白蛇传》等剧目，几乎场场座无虚席。清末秀才谢敬仁在《南乡诗草·省亲偶见》中写道：“翁操四胡桂树下，妹弄渔鼓唱‘四嫁’。妇孺迷恋文南词（即文曲戏），日落西山不归家。”当时群众对文曲戏的喜爱程度由此可见一斑。

解放前，一位挑货郎担卖百货的老师傅，从湖北孔垅来到狮子、岷山一带，一边卖针头线脑这些日用百货，一边传授文曲戏。开头没有固定住所，走乡串村随遇而安，但他教人学戏的热情不改。后来就在狮子街道牌楼村四房昔家（帅姓）村住了下来，白天挑着货郎担沿家沿户卖他的日用百货，晚上在四房昔家教戏。开初大家也只是零零碎碎学着玩，越学越起劲，就搭台唱起来了。场地虽然简陋，却吸引了很多人来看，演戏和看戏的热情都很高。

二

对唱戏特别痴迷的年轻人中，有一位叫洪育炎的，他是仲山村紫金塆人。老师傅见他不仅热情高，天赋也高，教得越发用心。和洪育炎同样痴迷于戏曲的还有罗德水、徐保珍，这几人家相距不远，每次都相约一起。他们非常能吃苦，不论风雨，晚上排戏到凌晨两三点也没感觉苦和累。有一回遇上大暴雪，一尺多厚，又结冰，深一脚浅一脚，拄着棍子，摸到家，这样的夜晚数不清经历了多少回。

这些年轻人，边学边演，条件差，因陋就简，就地取材。没有戏服，接过观众脱下的蓝士林褂做女旦装。没有头饰，就摘下木梓树上的木子，当作珍珠戴在头上。尽管这样，台下依然挤满了看戏的人。

后来，洪育炎一群人成立文曲戏剧团——雨淋剧团。由洪育炎担任团长，有徐保珍、罗德水、洪育坤、邹良竹、罗其生等二三十个演员。那个时候，谁也没有想到，这个剧团竟然一直坚持到现在。1948年到解放初期，洪育炎担任团长；“文化大革命”前，余成祥、罗克祥担任过团长；“文化大革命”期间，剧团被取缔；“文化大革命”后期，剧团恢复，由罗其镜担任团长；自1975年起，由罗其炯担任团长；1990年后，由洪中耀担任团长，直到现在。

雨淋剧团改为现今的“仲山村文曲剧团”，与村级行政组织的变更有关。现在的仲山村村民委员会，由早年雨淋村、仲山村两个村级行政组织合并而成，早年有雨淋大队、青山大队，80年代“大队”改“村”，因此有雨淋村、青山村。1987年，青山村改仲山村，雨淋村并入仲山村后，雨淋剧团改为现名。

早年的老演员有洪美金、邹良火、洪中火、罗其增、洪中江、徐保珍、邹良竹、洪育坤、罗德水、罗其生、罗其所、洪育金、夏民水、夏民沐、罗其柱等，全部都是现在的仲山村人。随着老演员的相继去世，剧团现在只有12人，主要演员有余成普、余石映、邹杨枝、李桂凤、洪中梅、洪慧玉、李自培、徐仪水、桂保兰、罗其正等。

在“文化大革命”前，都是演出古装戏，演出的剧目主要有：古装红、三国戏《孔明祭东风》《甘露寺》《三气周瑜》《芦花荡》，杨家戏《辕门斩子》。“文化大革命”期间开始演出现代戏，如《智取威虎山》《红色娘子军》《二世仇》《沙家浜》等一批新剧。现有剧目主要是《玉堂春》《辕门斩子》《白牡丹》《三看御妹》《恩仇记》等。

2012 年，剧团参加九江县戏曲展演月展演活动，在岷山乡株岭村演出《辕门斩子》。2018 年，剧团参加江西省非遗展演月非遗展演，在南昌演出。2022 年，2 月在马回岭庙会演出《玉堂春》《点药名》（又名《白牡丹》），12 月在新合乡、涌泉乡演出《玉堂春》，并参加了柴桑区文化馆组织的线上演出，表演《恩仇记》。2023 年 5 月，剧团参加了柴桑区戏曲展演月展演活动。9 月 9 日老年节，剧团在狮子镇文化礼堂演出。

三

我从 9 岁开始学戏，第一次登台是《姜安送米》这部戏，我在戏中出演的是小生。1962 年，我 11 岁，在九江市戏曲比赛中获第二名，但这次我演的是《辕门斩子》中穆桂英的丫鬟。演出结束后，吃饭时文化馆领导找我吃饭，工作人员就是找不到人，问剧团演员：“你们剧团有一位演小丫鬟的女演员，怎么没来吃饭？”我们团人当时很惊讶，人都在这里，怎么还有女的没来？知道我是男扮女装后，文化馆领导非常吃惊，觉得不可思议。

1969 年入伍，参加抗美援老作战，战争结束后回到家乡，我觉得自己一直念念不忘的就是戏曲。这么多年，我演过小生、小旦、花旦、老生、正生、武生、丑生各种角色，在《玉堂春》中主演王金龙（小生），在《打金枝》中扮演郭爱，在《智取威虎山》中扮演杨子荣，在《沙家浜》中扮演郭建光。现在在“庐泉剧团”辅导《玉堂春》《三女抢板》《三科花堂》等剧目。2017 年，我被批准为九江文曲戏第四批九江市级非遗代表性传承人。

仲山文曲戏剧团虽然是业余剧团，但我们的演员非常执着、非常敬业，视戏如生命，只要一上台唱戏，就不会给观众留下遗憾。罗其所、谢业刚这两位演员，父亲病故的噩耗传来时，他们都是在戏台上。团里其他人叫他们回家，可上千观众正看得起劲，面对台下一双双期盼的眼神，他们忍住悲痛，哽咽着说等我把戏唱完再回家吧。

罗其所年轻时唱丑角，他的丑角戏远近闻名。他和爱人欧木香，就是因戏生情，喜结良缘的。欧木香看他的戏非常着迷，戏唱到哪儿就跟到哪儿，他们就这样相爱了。后来，爱人瘫痪在床，罗其所悉心照料，毫无怨言。可一告诉他要演出，他就请别人来照顾老婆，自己义无反顾地走上自己一生热爱的舞台。

民间高手

李明权

二胡手工制作高手李明权制作二胡技艺超群，深得国内著名二胡演奏家陈耀星、陈军父子以及空军歌舞团首席二胡演奏家邓建栋等的赏识。他制作的二胡涵盖有培训机构用的普及性二胡和高档的戏曲高、中、低音二胡。他还专门为国内许多大专院校订制教学用二胡。美国、新加坡、中国台湾、中国香港一些客户甚至上门订制。2019 年 4 月，李明权二胡手工制作技艺被评定为“九江市非物质文化遗产”。

[延伸阅读]

精美的木头会唱歌
——记二胡手工制作传承人李明权

李明珍

说起柴桑区二胡手工制作的传承人李明权可谓无人不知，无人不晓。他手工制作的二胡不仅外形精美，音色圆润柔和，而且演奏时手感舒适，以特有的江南风韵，赢得了国内外许多音乐家的青睐。2019 年 4 月，经九江市人民政府批准列入第七批市级非物质文化遗产保护名录。2020 年 1 月，李明权被认定为“李氏二胡制作技艺”第五批九江市级非物质文化遗产代表性传承人。目前，他正在积极进行省级非物质文化遗产的申报工作。

不平凡的拜师学艺之路

2023 年 11 月 25 日，一个阳光很好的下午。在柴桑区图书馆二楼一间不大的旧房里，我们见到了手工制作二胡的艺人李明权。自从搬到图书馆二楼，李明权已经在这里手工制作二胡近二十年了。

李明权，1973 年 12 月出生于柴桑区狮子街道住岭社区九组。他为人低调憨厚。小时候，家里兄弟姐妹多，十分贫穷，高中未毕业，他于 1991 年便到县里一家工艺美术厂学徒做座钟盒子。在这里他学会了木工。后来美术厂倒闭，李明权只得回家务农，之后又到九江一家琴行务工。每天受音乐的熏陶，想到祖父曾有制作二胡的手艺，一下就激发了李明权学习手工制作二胡的兴趣。

2000 年初，李明权带着梦想只身一人来到苏州寻访手工制作二胡的名师，最后师从中国当代著名二胡制作大师童瑞炎门下。李明权跟着师父童瑞炎在苏州民族乐器厂学习手工制作二胡。历经三年寒暑，2003 年，李明权出师回到九江，开始了自己手工制作二胡的艰难创业之路。

一把二胡看似结构简单，细分却由琴托、琴筒、琴杆、琴轴、琴皮、琴头、琴弦、琴弓等十余部分构成。每一部分都靠纯手工制作，也很不容易。制作者既要会木工，又要通音律。砍、锯、刨、铲、削、锉、镂、钻、铰、磨光等一百多道工艺，制作起来也是繁杂得很。人辛苦不说，一个月也就能做出四五把高档的二胡。李明权让我看看他结满老茧的手掌，憨厚地笑了笑。刚开始制作二胡时，由于没啥名气，加之当地喜欢拉二胡的人也不是很多，李明权只得自产自销，由于销路不畅，李明权甚至差点放弃这门手艺。师父童瑞炎却劝他一要坚持，二要从制作低档琴开始，千万不能心急。在师父的鼓励下，李明权信心倍增，制作出二胡后，他就不辞辛苦地背着琴到南昌、九江一带去销售。

经过几年的积累，李明权在当地终于渐渐有了些名气，上门购琴者也渐渐多了起来。

匠心独运的手工制作工艺

说起手工制作二胡，李明权仿佛一下子打开了话匣子。他说，手工制作二胡，首先选材很重要。低档二胡用料以各种白木，也就是各种杂树硬木为主，泡木就不行。

高档琴以热带红木为最好。产地以缅甸、越南、印度、东南亚一带为主。还有产自非洲的古夷苏木也不错。我国的海南黄花梨木、老红木、酸枝等也是上乘制作材料。这些材料硬度好，稳定性高，发音清脆响亮，拿起来也称手，有分量。但这些材料出木率低，人称100年才长到碗口粗，所以珍贵得很。

而一把质量上乘精美的二胡，全都是要靠纯手工精心打造而成的。精细复杂的手工制作也最考验制作者的技艺。一个琴筒六块板子，要选木纹直纹且条理清晰的，仔细敲打，声音要在同一音频上才行。琴杆多用印度小叶紫檀木，弯头多用牛骨镶嵌。这样制作出来的二胡显得大气，极有层次感。整个制作过程分画线拼筒、校正琴杆、蒙皮圆角、安装琴托琴杆等，每一道工序都要用手工细细打磨，不能有丝毫的马虎和投机取巧。稍有差池，一把二胡就有了瑕疵，甚至可能前功尽弃。

手工制作二胡最关键的还是鞔皮。皮的一定要用蟒蛇皮，虽然价格不菲，但是经久耐用，拉力好。鞔皮技艺直接影响二胡的音色音域。剪皮、洗皮、阴干、烫皮再到套皮，这一串工艺做下来，耗时周期长，一般需要二十天左右。因此，为了确保质量，李明权手工制作高档二胡，一个月最多也就能做五把。

李明权坚持手工制作二胡至今已近二十年了。他在制作过程中，虚心学习，博采众长，并细心琢磨，不断摸索总结，终于使自己的技艺得到提升精进。他手工制作的二胡也得到越来越多人的喜爱，并深得国内著名二胡演奏家陈耀星、陈军父子以及空军歌舞团首席二胡演奏家邓建栋等的赏识。

只为薪火永相传

曾有首歌这样唱道，“有一个美丽的传说，精美的石头会唱歌。它能给勇敢者以智慧，也能给善良者以欢乐。只要你懂得它的珍贵啊，山高那个路远也能获得……”是的，李明权手工制作二胡就像一个美丽的传说。他凭着自己的虚心好学、努力坚持和聪明才智，十年如一日用手工制作二胡，让精美的木头也唱出了一首传承者之歌。

李明权手工制作的二胡涵盖培训机构用的普通二胡和高档的戏曲高、中、低音二胡。他还专门为国内许多大专院校订制教学用二胡。美国、新加坡、中国台湾、中国香港一些客户甚至上门订制。江西采茶剧团、湖北黄梅戏剧团、瑞昌采茶剧团都在他这里购置了音色俱佳的戏曲高音二胡。更有一些二胡“发烧友”慕名而来，订制价格不菲的珍藏版二胡。

李明权手工制作二胡的技艺也得到国内众多媒体的报道。《人民日报》、网易、今日头条、《江南都市报》《九江日报》、掌中九江、九江电视台一套节目以及柴桑区电视台都对他进行了专访或宣传报道。

目前，柴桑区仅李明权一人在做手工二胡。这一民间传统技艺也处境尴尬，濒临失传。一因制作工艺比较复杂，同时，还要求制作者具有一定的天资和悟性，否则很难学会。他也很想把这门技艺传给自己的孩子和周边想学的人。2020 年，武汉音乐学院一个学生，慕名来到他的工作室找他修复摔坏的琴头。李明权就一边修琴，一边向这个学生宣传手工制作二胡的技艺。他希望有更多人加入手工制作二胡的行列中来。他甚至还在老家办了一个手工制作二胡的传习点。

同样，为了使这门手工制作二胡的技艺传承下去，柴桑区文化馆非遗保护中心于 2019 年 4 月为他申报了市级非物质文化遗产。相信在全社会的关心下，李明权手工制作二胡这门民间技艺一定能够薪火永相传。

六、地方特产

狮子，自然风光优美，气候宜人，交通便捷，物华天宝。境内石灰石等矿产资源十分丰富，自古以来，这里就以生产生石灰最为著名。据有关资料记载，在洋灰（水泥）尚未推广的年代，狮子出产的石灰为修桥、建房等建筑供不应求的优质材料。随着水泥及新型建材的兴起，狮子石灰这一地方名产才渐渐淡出建材市场。近些年来，随着绿色经济的发展，这里“一村一品”“一乡一业”的观光农业、订单农业又应运而生，又成为农村美、农民富，社会主义新农村建设中的一道亮丽风景。

狮子平卧菊三七

国家林业局科技发展中心在江西省九江市柴桑区狮子街道推广、由九江市柴桑区露润农民专业合作社开展“平卧菊三七高效培育及高值化系列产品加工推广示范项目”。该项目在基地建设上，通过林下种植、避雨栽培、规模建设、高效经营、实现量产等各方面，均取得了可喜的社会效益和经济效益。在初加工生产产品上，建成年产能达600吨的平卧菊三七专利产业化示范生产线一条，成功探索出优质、高产、高效林业与林下经济（种、养结合现代循环农业）相结合的发展新路子，取得了显著成效。

平卧菊三七

现已成功开发出平卧菊三七高值化六大系列产品：

1. 平卧菊三七凝膏（专利号ZL201510071760.6）主要功效：泻火、凉血、消炎、生津等功效，是排除体内毒素和消除脸上“青春痘”的养颜好食品。

2. 平卧菊三七牙膏主要功效：具有抗菌、消炎、抗病毒、止痛、止血作用，并对面、口、齿、喉均有保健和治疗作用，可除口臭、健齿、护齿、清齿、去除牙面菌斑，无异味，属纯天然中药产品，无副作用。

3. 平卧菊三七保健茶（国家扶贫办审定产品360421101013）主要功效：通经活络，

消肿止痛，消炎止咳，治疗跌打损伤、支气管肺炎、肺结核等。防治咽喉炎、口腔溃疡、降糖、降脂、降压，抗病毒，补钙，提高人体免疫力。

4. 平卧菊三七含片（国家扶贫办审定产品 360421101013）主要功效：防治咽喉炎、口腔溃疡、抗病毒、补钙、提高人体免疫力。

5. 平卧菊三七固体饮料（国家扶贫办审定产品 360421101013）主要功效：活血生肌、散淤消肿、清热解毒、降糖、降脂、降压、抗病毒、补钙、提高人体免疫力。

6. 平卧菊三七蔬菜类产品及系列佳肴主要功效：抗流感病毒，对抑制乙肝、降血糖、降血压等，还具有提高人体免疫力的作用，是一种药食兼用的保健养生植物。

国家扶贫办审定产品平卧菊三七颗粒

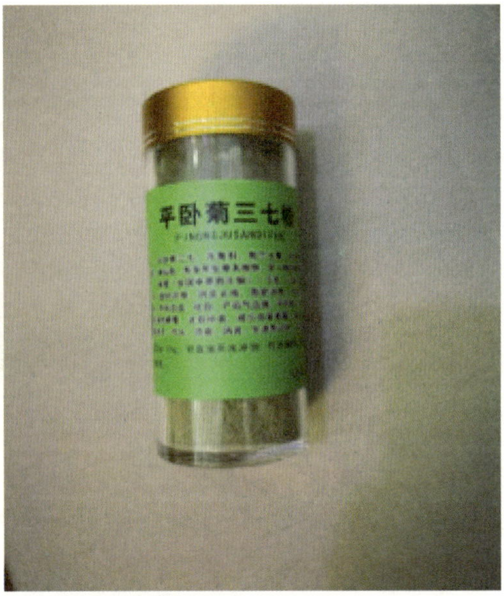

国家扶贫办审定产品平卧菊三七含片

[延伸阅读]

柴桑区狮子街道牌楼村：

羊肚菌撑起群众“致富伞”

王灵昱

春雨朦胧，万物复苏。沿着狮岷路向南而行，处处呈现出生机盎然的景象，入目可见一个个菌菇大棚点缀在村落间，这便是柴桑区狮子街道牌楼村现代农业产业园。大棚中新出产的羊肚菌长势喜人，一个个像小枕头一样的营养包排列整齐，还未探头的羊肚菌在地下吸收着水分，运足气力，冲破了泥土的束缚冲出了地面，然后慢慢伸展开来，撑起了一把小伞。

2022 年狮子现代农业产业园羊肚菌种植示范基地

据了解，羊肚菌是一种药食两用的菌类蘑菇，内含抗菌、抗病毒的活性成分，具有增强肌体免疫力、化痰理气、补脑提神、补脾益胃助消化的作用。羊肚菌还可以抑制血小板聚集，能有效抑制血液凝结，进而达到活血化瘀的效果。羊肚菌最出名的功效是它的防癌抗癌作用，它含有较多硒元素，有助于增强维生素 E 的抗氧化。

近年来，在狮子街道党工委、办事处的大力支持下，先后投入资金几百余万元用于高端食用菌产业园建造，建成了集菌种供给、羊肚菌生产加工、储藏销售于一体的现代农业产业基地，带动脱贫户 38 户 102 人，户均增收 1000 元以上，有效地激活了牌楼村农村资源和产业潜力，壮大了集体经济，助推牌楼村实现乡村振兴。

牌楼村村民王小花说：“党的政策就是好，让我们在家门口就可以创业，我种植的菌类产品销量很好，供不应求。算起来，年收入不比外出打工差，还在自己家门口工作，时间更加自由和充分，自己也更加舒心和放心了。”

下一步，狮子街道牌楼村在狮子街道党工委、办事处的带领下，将持续为羊肚菌种植铺路，种出菇伞肥厚丰腴、品相优良的羊肚菌，确保产量足、收益好。同时，继续扩大羊肚菌种植规模，让羊肚菌撑起群众“致富伞”，增加群众收入，帮助更多脱贫户及“三类人群”在“家门口”实现就业，助力乡村振兴，走上一条勤劳致富路。

2022 年 4 月种植大户胡高翔收割羊肚菌

小香椿长成“摇钱树”

绿色食品红油香椿芽

2022 年 3 月 23 日，走进柴桑区狮子街道牌楼村香椿种植基地，一丛丛香椿芽茁壮成长，空气中弥漫着香椿特有的香气。二十多亩香椿种植基地的红油香椿迎来了采摘季。菜农们穿梭在椿树间，忙着采摘椿芽。采摘下来的

种植大户李泽木采摘香椿芽

椿芽，统一包装后，被送往提前预订的客户手中，可卖 60~160 元一公斤。

在春季的时令蔬菜中，香椿久负盛名。据了解，香椿被称为“树上蔬菜”。香椿树上的嫩芽，俗称“香椿头”“椿巅”，清明、谷雨前后正是香椿大量上市的时节，此时的椿芽鲜美芳香，营养价值高，故有“雨前香椿嫩如丝”之说。

“新鲜的时候采摘新鲜的嫩芽，就是往各大批发市场送，后一步就是做干的，再后一步我们计划做深加工，把香椿芽做重点，我们种了三年多，对这个前景比较看好。”基地负责人李泽木这样告诉记者。

（推送于 2021 年 3 月 25 日柴桑区融媒体中心。选入时有删改）

2021 年牌楼村香椿种植示范基地

向日葵：张张笑脸迎客来

九江市柴桑区狮子街道牌楼村现代农业产业园，2022 年种植的十余亩向日葵向阳盛开，给绿水青山中的美丽乡村增加了绚丽的黄色，吸引了游客来此赏景拍照。据产业园负责人介绍，2023 年计划扩种 200 亩，葵花可以观赏，葵花籽可以榨油，种植葵花还可以解决当地富余劳力家门口就业，促进地方经济发展。

狮子街道农旅示范基地百亩向日葵园

七、地名传说

狮子，风光秀美，人文荟萃。株岭九十九岭，岭岭竞秀，岭岭神奇，一个个山岭都蕴藏着一个又一个美丽的故事；狮子山、绣球山，以山名地，惟妙惟肖；朗山独起，群山簇拥，这里曾爆发了反清复明的朗山起义，也流传着“朗山出天子”的民间传说；牌楼出金鸡，李公天葬坟，老虎冲里刘铺司等地名传说和民间故事，为可爱的狮子平添了几多美丽和几多神奇。

舞动的狮子

李明珍

一方水土养一方人。其实，一方水土同样孕育着一方传奇和文明。在我的故乡狮子，当轻轻撩开它蕴含在民间故事里的浪漫和现代色彩的斑斓，我惊异地发现，这一方山清水秀的土地是那么神奇。

东起三桥抗金名将岳飞母亲及李氏夫人墓地，这一脉卧虎藏龙的风水宝地，让世人千秋凭吊敬仰，南至与革命根据地岷山交界的雨淋，西到清朝大臣赵胤卿出生地费家湾大屋，北至与城门湖相连的蔡桥村，这 52.5 平方公里的土地，峰峦叠翠，公路如织。连绵的丘陵山地里田园一派锦绣，绿树成荫。村民安居乐业，高楼林立。这片赣北山地上，可谓云蒸霞蔚，气象万千。

也许这里曾是蛮荒之地，蜿蜒的山岭阻隔着古老文化的浸润。先民们日出而作，日落而息。潺潺溪流，伴着鸟儿的啼鸣，让他们骨子里的浪漫也会生长出飞翔的翅膀。或许这原本就是一块生长神话的土地，或许这原本就是一块连神仙也眷恋的家园厚土。

我曾查阅《九江县志》，试图去找寻狮子镇这个地名的由来。在此之前，我仅仅得知它不过是由 20 世纪 90 年代撤乡建镇而来。溯源追寻，我却意外地得知它曾经还有一个好听的名字叫仙居乡。这让我心生惊喜，望着窗外如丝如缕的暮霭，我仿佛感觉到一股灵气正在这方土地上空飘荡，隐约觉得这一方神秘的土地自有它非同寻常的来历和故事。只是它怎么又和狮子扯上了关系？这实在让我百思不得其解。

是仰慕狮子的威武，抑或这里原本就是狮子王的故乡？

我也曾久久伫立在狮子的标志性建筑——镇徽之下，方正的大理石基座上，一头威猛的母狮率领四头幼狮昂首挺立，仰天长啸，既有王者的风采，又不失母性的慈爱。由著名作家、省文联原主席陈世旭题写的“狮子镇”三个镏金大字潇洒隽永。细细品味，似有雄风扑面，令人胆气俱豪。

在文学作品和民间故事里，狮子历来都是勇者的象征。但它与老虎给人的感觉绝不一样，老虎总也抹不掉带给人的那一丝残忍的想象，而狮子带给人的则是喜庆和吉祥。正月里那走村串巷的舞狮子也便成了村民们庆祝丰收、驱邪避恶、祈愿平安的生命图腾。年年岁岁，乐此不彼。在那喧天的锣鼓声里，夹杂着震耳欲聋的爆竹声。金色雄狮闪展腾挪，跳跃不已。舞者满脸喜气洋洋，观者红光满面。那份被喜气串起的日子，从此也让人忽略了劳动的艰辛，更可藐视人生一路的风风雨雨。

但我无法明白，在我的故乡，先民们的奇思妙想以及对美好生活的向往曾经是那么跌宕。或许农耕时代的生活实在让人感到沉重和寂寞，霏霏淫雨里，他们需要更多的浪漫来消弭生活的酸涩。

直到有一天，从年近八旬的李文兴老人那里听到关于狮子镇的传说，我才恍然大悟，并油然而生深深的感叹。原来民间智慧的飘逸和超凡脱俗，在南方湿漉漉的阳光里，那千年飘动的思绪总如阳春三月的河柳，那么清新可爱，而又余味绵长。

江西历来人称物华天宝，人杰地灵。老人咂着嘴巴，似在品味一坛芬芳的陈年老酒。他说，传说江西十山就有九山空，只有一山没有空，也就出了解缙与严嵩。严嵩是个奸臣，解缙贪盐脚、爱占小便宜的故事在民间广为流传，这两人似乎都是另类。不过我对这一说法也不以为然。因为江西地质地貌的特性，仅赣北大的溶洞就有彭泽龙宫洞、狮子洞及涌泉洞，似乎又为“这十山就有九山空”找到了佐证。

老人继续告诉我，我们狮子镇本就是一块仙地。自然的造化，在地貌上也有着非凡的呈现。传说狮子镇四周有四门护室。东门即是现在的东风村交山口，南门是朗山的石门冲，西门为城门口，北门则是现蔡桥的肖州。四门天然生成，遥相呼应，闭门锁气，使狮子镇成为一块连神仙也羡慕的风水宝地，就是插根筷子也能长出绿叶来。民谚曰：家住城门里（指四门护卫的城堡一样），脚踏金鸡；门前上马石，狮象把门抵；三狮赶三象，还有一狮没赶上；若是赶上了，此地出皇上……你看！民间的想象何其汪洋恣肆，何其狂放不羁！

老人带我走到高处，指着龙岗村的狮子洞和住岭村黄一房村后的绣球山及刹岭山说，这些有名有姓的山可不是空穴来风、凭空杜撰的。它们原本就是那传说里的三狮之中的一对啸天狮子，正在戏着绣球，在等另外一头狮子赶来呢！

世间或许就没有十全十美的事物，传说也一样，这真叫人有点遗憾。那一头未赶上来的狮子又走失在哪里？正像那天然佳成的四门，在山的怀抱里，蓦然看去，实在像极了。据说只是北门和西门形象稍差几分，于是八仙之一的张果老也前往帮忙，挑土来筑西门、北门。只可惜，神仙也太过心切，一担土装得过多，还没有挑到竟然压断了扁担。泥土泼倒下来，于是留下了现在狮子龙岗的桂家墩和城门里的城乡墩……张果老随即驾着祥云升上天空，要到月亮里去砍那棵娑罗树做扁担再来挑。哪知那是一棵仙树，砍一点长一点，张果老脚踏树上拼命地砍，谁知脚竟长在了上面，再也拔不出来了。

南方多才子，北方出武将。仙气缥缈的传说让人惊叹先人的想象非凡。它们的满腹锦绣文章就像掩埋千年的狮子洞，一旦为世人打开，便令人叹为观止，一处旅游景点从此声名远扬。

令人震撼的历史传说同样也饱含着深深的寓意。先人们对美好生活的向往也许透露出当时他们生活的艰辛和无奈。桂家墩、城乡墩两个地名是否又含有企盼富贵、向往城市的理想，我不敢妄加推测。但美好生活终究是要用自己勤劳的双手去创造，有着如此聪慧的狮子人民于是在这千年的土地上精耕细作，每一件事总是做得那么惊心动魄，让人称道。就连那块块顽石经过他们的精心焚烧也曾成为狮子的特产——石灰，远销他乡。而今的绿色经济——菌菇、平卧菊三七更是让人津津乐道，唇齿留香。

走失的狮子不会迷茫。村民们渴望幸福生活的愿望更不会被湮没。如今的狮子已发生了翻天覆地的变化。那穿境而过的高铁大道随着狮子现代物流园区和新农村建设的热浪必将给狮子带来一个崭新的神话。那头没有赶上的狮子，在现代高速的快车道上，必将踏着时代的节奏，一展雄风，啸傲天下，越舞越欢。

张果老筑城门的传说

苏有良

朗山坐落在狮子街道办以西，与城门乡、新合乡接壤。此山方正得像座金字塔，20 世纪 50 年代末 60 年代初，山顶上曾设有航空标志三角架、航空标志塔，东、西方有两座低矮的小山衬托，似顶纱帽翅（民间也俗称纱帽山）。朗山有一个神奇的特点，就是在庐山山顶上远远眺望，其他山脉都望不到，只有朗山可以望到，像一墩土坡；在九江长江沿岸永安十六公里坝堤上远眺朗山像座塔。可惜的是，如今朗山原貌遭到了毁坏，没有原来那么美丽。朗山有很多历史人文故事及传说，如张国老筑城门，此山有金碗、金筷子、金桌子、金椅子、金凳子、金鸡。朗山里还有李氏天葬坟，传说朗山山顶上有座庙，此庙与四华山、九华山、傅公山，四山庙宇和尚同时撞钟，京城皇帝龙位不保。最为流传出名的是：朗山出天子的故事。

相传古代朗山脚下有户李氏，家里很穷，连碗筷都没有。只要是家里来客，妇人就要到朗山山腰洞里去借金碗、金筷。这户人家虽然很穷，但心性善良也很直爽，从来没有贪心，每次借碗借筷子，吃完了按时如数归还，从不拖延。据说，有一天来客人，借来的碗筷忘记还去，当她想起来还去后，石洞门就关闭了。过了几天家里又来了客人，她又去上山借，走到原来的地方找不到此洞门，只看到是一簇芭茅。

打那以后那妇人回家不久就怀了身孕，腹部很大，一胎怀了三个孩子。到临产时，生下来第一个孩子是红脸，那妇人以为是怪物，就用脚盆扣上闷死了；生下第二个孩子是黑脸，她又以为是怪物，又捏死了；第三个孩子生下来后是个白脸。孩子一出来就问他妈妈，说大哥二哥哪里去了，她妈妈说，我以为他们都是怪物，就把他们闷死和捏死了。那孩子一听非常生气，便到山腰洞门口的石头上一头撞死了。传说是城门那个叉口没筑起来的缘故。

此事惊动了天上的玉皇大帝，玉皇大帝便派张国老（张果老），从天上挑来土石筑城门（就是指现在城门湖那两座山中间的叉口）。张国老从天上挑来石头和土，挑到城门半路上扁担就断了，一头的石头掉在朱门冲大屋到罗家新屋石门坎上，另一头的土掉在现在城门电站附近。石门坎上两块石头合在一起像两块砖一样，至今卧在朗山石门坎地上。在民间至今还流传着此故事，以此石头为证。另一头的土在城门，只是城门开发了不知此土墩是否还在。

此扁担挑断了后，玉皇大帝就命张果老到月亮上砍娑罗树，张国老砍娑罗树这边砍那边长，怎么也砍不断，至今还在砍，在农历十五日晚上仔细看月亮，月亮上有棵像娑罗树的影子，树底下有个人手拿斧头躬着身子一上一下好似在砍树。从此以后城门叉口再也没有筑起来，朗山天子也就没有出来。

株岭山的传说

刘为珍

在柴桑区中部，有一脉长岭，自西而东，蜿蜒起伏，延绵于岷山、狮子、沙河等乡镇之间，古时曾是仙居、甘泉、白鹤三地的界山。这长岭一岭三界两重天：南面，丘陵起伏，层峦叠嶂，冲窄垅小，土地贫瘠，不少地方曾有“夹脚垅”“斗笠丘”之类的称谓。就是说这里的山垅之窄，窄得连人的脚板都难以容下；地丘之小，小得用一只斗笠就可以盖上。岭北则不然，一岭独卧，群山远朝。清修河流汇集山泉溪水，四季不涸，顺着岭脚，汩汩而流，把这方山间盆地浇溉成旱涝保收的肥田沃亩。尤其是那依岭而生的小山坡，高矮相近，沟壑分明，整整齐齐地排列在长岭的半腰，远远望去就像一窝伏在猪婆肚下吸奶的崽猪。这岭，也以此得名，俗称“猪岭”，连同岭下的崽猪群山一起统称“猪岭山”。

自古以来，这片土地群山拱卫，一岭独秀，常为文人墨客所题咏。一方名胜，以“猪”为名，有伤大雅。说来也巧，这山岭木本植被，槠树尤多，茂密成林。于是，有风雅之士，便去猪字之俗，谐槠树之音，把猪岭写成株岭；把猪岭山，写成株岭山。久而久之，这长岭也就以株岭山为名，载入史乘。

在《德化县志》“山川形胜卷”中，就录有如此记载：“株岭山，脉自高良山来，为中居岭。南去有王公池，祈雨龙王庙，有添子堂，为磨刀涧，为皂角凹，为锡岭；北去为掘断岭，为马鞍山，岳氏祠墓在焉。共九十九尖峰，长约三十余里。”通俗地说，株岭山自高良山发脉，逶迤而来的山岭叫中居岭。向南延伸有王公池、龙王庙、添子堂，依次还有磨刀涧、皂角凹、锡岭。再向北延伸，有掘断岭、马鞍山，民族英雄岳飞祠和岳母姚太夫人墓就在那里。这株岭峰峦叠翠，岭脉延绵。峰多，多达九十九座；岭长，长至三十余里。民间流传，这株岭山不负天命，阻止了秦始皇的赶山塞海，避免了百姓家园沦为泽国，那九十九座尖峰就是在与秦始皇的拼死抗争中，被赶山鞭抽打留下的九十九道伤痕。

民间传说，大同小异，似有移花接木之嫌，有关株岭山的传说也不例外。说是秦始皇统一六国之后，为抵御北方匈奴的入侵，征集天下百姓修筑万里长城。几千年过去了，如今人们游览长城，也不能不被这空前绝后的浩大工程所折服！当时的生产能力，除了有限的畜力，全凭民夫栉风沐雨，肩挑背扛。这万里长城筑起的背后，不知道也筑进了多少生命与白骨，演绎出多少真实的孟姜女哭倒长城的人间悲剧！

中华民族，以善为美，理想乐观。哪怕是在身陷绝境的至暗时刻，也会得到上苍垂怜，脱难于苦海。株岭山与秦始皇的抗争，就是在绝境之中得到上苍的帮助。话说孟姜女哭倒长城，惊动了天庭，观音菩萨化作一位老母，就在长城脚下摆设茶点，为过往民夫解渴充饥，还送给每人一根红丝线系在扁担头上。说来也怪，自从用了老母的茶点、系上红丝线之后，民夫们口不渴，腹不饥，肩上的担子再也不压人了！民夫们的唉声叹气，一时间变成了欢歌笑语；筑城进度也一日千里，很快完工。这一奇迹，一传十，十传百，很快就传到秦始皇那里。秦始皇立刻赶往现场，一探究竟，原来是老母布施的一茶一点一丝线所致。秦始皇拜访老母未遇，立刻令民夫交出扁担头上的那根红丝线，即可放行走人。

秦始皇还真的不愧为千古一帝。筑起万里长城，化解北疆忧患之后，又做起了赶山塞海、沧桑互易之梦。他将民夫交上来的红丝线捻成束、编成辫，做成了一柄红艳艳的“赶山鞭”。自西北向东南，赶山塞海，一路赶来，上了株岭山。据传，这株岭山原本是母猪修炼而成，背负天命化作一座长岭，压在东海的海眼之上，堵塞了东海之水，才有了这片山清水秀的民间乐土！如果被驱离海眼，不仅有辱使命，东海之水就会喷涌而出，这里将成为一片汪洋，百姓将会失去家园，遭受灭顶之灾！秦始皇挥鞭朝北，大山小岭，望鞭而逃。但抽打株岭山，鞭鞭见痕，地动山摇，这株岭山天命在身，仅仅发出阵阵抗争的呼叫声，就是岿然不动。

秦始皇一鞭比一鞭狠，不停挥鞭猛抽；株岭山也一声高于一声，呼叫不停。这撕心裂肺、掷地有声的呼叫声，连天庭都被惊动了。观音菩萨再次化作一位老母在株岭山不远的石门岭摆设茶点。不过，老人家这次不是救民夫于水火，而是要收回被秦始皇编成赶山鞭的红丝线，护佑一方安宁。

秦始皇自赶山塞海以来，挥鞭赶走的大山小岭，就像羊群一样，一群群，一趟趟，纷纷依次入海，不计其数。挨鞭趴窝，抗拒不前的还是头一次碰上。他朝着长长的株岭山左右开弓，连抽九十九鞭，也未解除心头之气。株岭山被抽得遍体鳞伤，秦始皇也累得口干舌燥，筋疲力尽。他收起神鞭，直喘粗气。顺岭北望，一眼见到观音菩萨的茶肆，便将神鞭夹在腋下，一路赶到石门岭。只见茶肆老母，慈眉善目，竹篱茅屋，松明为灯，石几、石凳、石盘、石盏，物什虽陋，但窗明几净。尤其是就泉煮茶，满屋飘香。于是，他也不计较体面，向老母讨要茶点。老母斟上香茶，摆上点心，热情款待。秦始皇也不客气顺手去端茶盏，可石盘内的小小茶盏像生了根一样就是端不起来，秦始皇不得不下意识伸出腋下夹着神鞭的那只手，使出全身气力，双手端起茶盏。就在这一那间，观音菩萨早已从秦始皇腋下收回了红丝线，并撤去茅屋茶肆，留下坐骑，腾云而去。

这时，秦始皇如梦初醒，只见自己独坐在荒山野岭的石台之上，红丝线也早被观音菩萨收去，赶山塞海，无鞭何赶？观音菩萨乘坐的那头雄狮，正蹲在石台旁边，一对灯笼大的眼睛还正在盯着呢！秦始皇见状，自知天意难违，又有神狮镇守，他只得望着对面那座山岭，长长叹出一口气，将那根光秃秃的无鞭之柄狠狠地甩向远方，无可奈何地离开了石门岭。

数千年过去了，当年被秦始皇连抽了九十九鞭的猪婆山，便化作九十九座尖峰的株岭山，仍岿然屹立在传说中的那口海眼之上。相传，被秦始皇甩落鞭柄砸断的山岭，就是志书上所记载的“掘断岭”。岭北那片宽阔的垅畈，也就是被秦始皇赶走了大山小岭之后所留下的山间盆地。岭脚那条四季不涸、清澈见底的清修河，流淌的也是观音菩萨当年用来煮茶的那泓泉水。

有关株岭山与秦始皇的神话，在这一带百姓之间口口相传，观音菩萨在石门岭开设茶肆收回神鞭的地方，似乎也依稀可寻，甚至在《德化县志》中还可找到相关记述：“石门岭，西去傅公山三里许，峭石壁立，中有路如通衢。楮树双株，苍古入画。俗传有九塔三狮，今难尽识。惟一狮子蹲伏，头目宛然。南望株岭，翠屏环列，石磐可旋马，为游牧憩息之所。”

如今，方志所载的两株苍古入画的楮树，虽然早已难觅踪迹，但那方可以旋马的磐石，就在岭头。民间流传，这磐石之上，便是观音菩萨开设茶肆、秦始皇喝茶端盏失鞭的地方。不远处还有一只石灰岩风化而成的天然雄狮，惟妙惟肖，栩栩如生，依旧如方志所述，头目宛然，南望株岭，蹲伏在石门岭。

“株岭叠翠映清修，九十九鞭尖峰连。秦皇赶山去塞海，蹲狮值守记当年。”也许，这尊忠于职守、南望株岭的天然石狮，还记得观世音菩萨收回神鞭的故事，就发生在那磐石之上，见证了这秀丽的株岭山铮铮有节、与秦始皇抗争的民间传说。

“科第联翩”的罗家中门村

罗克岩

这是一座坐落在峰峦起伏、沟壑纵横的株岭山腹地的村庄，村前有一条小河，村后有两棵巨大的红枫树，祖堂“三益堂”大门两侧竖立着两对四座旗鼓。旗鼓是村庄两位先祖中进士后朝廷赐立的，河流、红枫、旗鼓穿越历史，既是村庄曾经科场连捷的亲历者和见证者，也是柴桑大地曾经的荣耀和辉煌的标志。

科举年代的罗家中门村，自乾隆五十七年（1792）罗裔辉（榜名罗辉藻）中秀才（三年后，于乾隆六十年中乙卯科举人）起，至光绪十七年（1891）罗裕樟中辛卯科举人为止，近百年时间里，历裔、丰、隆、裕四世，载入史册有功名的人物有 61 位，其中二人中进士、六人中举人。协办大学士兼两广总督李鸿宾是罗家中门女婿，村里流传着不少他在村学堂发蒙读书的故事。道光礼部尚书李宗昉任江西学政时，在文章中称赞当时的罗家中门村：“人文蔚起，科第联翩。”

让我们走进罗家中门村，看看在清朝最后一百年里，这座凭借科举之力迅速崛起于士林的村庄，流传着什么样砥砺后人、激人奋进的故事。

一

仲山村是狮子街道最南端的一个行政村，全村三千多村民，主要临两条河流居住，北侧河流发端于仲山水库水系，南侧河流发端于雨淋水库水系。这两条水系自西而东，蜿蜒穿过三千亩水田组成的汪家畈，汇合在仲山村与牌楼村交界处。罗家中门村坐落在北侧仲山水系河流中下游，依水而建。与株岭山隔畈相望，远眺庐山。如果站在株岭山巅望向村庄的方向，村后两棵巨大的红枫是最显眼的标志。

乾隆六年（1741），村庄第一代先祖落居，至今有 280 余年的历史。罗家中门村第一代人的迁徙过程，曲折而又感人。嵌于“三益堂”走门墙壁上《我中门村之由来》勒石，以及《罗氏宗谱》中《太高祖在位公传》里记载着村庄的迁徙史。但在这个迁徙史里，首迁至此的罗长万只是第十一世祖，故事得从六百多年前的明朝初年开始说起。

元朝末年天下大乱，烽烟四起，频繁的战争导致人口急剧下降，九江地区人口流失严重，明初，田地大片荒芜。为恢复生产，明初统治者以减免赋役等措施，奖励移民屯田。明洪武年间朱元璋下诏：百姓开垦荒田，不论荒田有无原主，都归垦荒人所有，作为永业。朝廷还依据垦田数量多少决定对地方官的升赏，大批移民涌入九江。在这样的背景下，罗宗三偕妻子吴氏，从吉水獭溪来到狮子街道牌楼村的罗家大屋村屯垦。也许是狮子这方水土养人，也许是命运的眷顾，也许是二者兼而有之，罗家大屋人丁逐渐兴旺起来。

在生产力低下的年代，人丁兴旺意味着生产资料获得的难度增加，需要拓展新的生存空间。罗家大屋青壮年陆续迁居，如今分布在仲山、牌楼、三桥三个行政村二三十个罗姓聚居地的第一代先人，基本都是从罗家大屋迁出或辗转迁居的。

二

罗家中门村就不是直接从罗家大屋迁出的。罗宗三的孙子罗琦迁出罗家大屋后，繁衍到第九代，这代人中有一位叫罗衣俊，以织布为业，却通晓文墨，乡间契约多出其手。这时明朝已亡，清朝初年“闽贼弗龚”，福建发生了类似抗税、抗捐事件，朝廷为平闽乱，抽丁入伍，罗衣俊应征赴闽。封建时代，兵匪一家，当兵被很多贫民当作快速发财致富的捷径，特别是剿匪行动，兵士参与对平民的劫掠非常普遍，对毫无反抗之力的平民抢劫成本极低，甚至有人认为纵兵劫掠是古代将领的普遍做法。据记载，在后来十多年的行伍生涯里，罗衣俊不仅不抢人财物，而且官兵当中有淫秽之行时，他还会婉言劝阻。罗衣俊的品行，很为上司湖南人张千总所欣赏，就把女儿嫁给了他。战争结束后，参加征战的人们都是满载而归，很多无名小卒都发了横财，唯有罗衣俊两手空空携妻子回到家乡。罗衣俊在行伍中表现的定力、人格和品性，不是一句“行善积德”所能够概括的。

改朝换代之际，社会动荡不安，盗贼蜂起，加上屯垦的人要服兵役，田地多被抛弃沦为无主荒地。回到家乡的罗衣俊，这个时候表现出一种敏锐的眼光，他苦口婆心地劝告乡亲：“天下平定、四海归一不会是很远的事，土地将是老百姓生存的依靠，可以开垦、代耕或购买。”在那样的社会环境下，应者寥寥。几年之后，形势的发展果然应验了这个预言，那些没有听信罗衣俊劝告的乡亲，只剩追悔莫及的遗憾。

罗衣俊这些事迹，被他后人来孙中一位叫罗瀚隆的，用一篇《太高祖在位公传》记载了下来。罗瀚隆是道光二十四年（1844）乡试举人，第二年就在会试中以殿试二甲第七名中进士。清朝乡试时间在阴历八月，会试在第二年阴历二月，殿试在三月，而这篇传文末尾落款“道光甲辰恩科举人来孙瀚隆敬撰”，自称“举人”说明撰写于中举人之后中进士之前，这时距离罗衣俊所在的清初已经两百多年了。罗瀚隆用钦佩而又感叹的语气说道：“即今犹多公之贻耶。”可见当年罗衣俊凭借智慧和勤劳，获得了多么可观的土地资源，以至于后世五六代子孙，还在享受这些资源带来的回报。

有一个故事，村中妇孺几乎都能讲述，也记录在《我中门村之由来》中：一个夏日，罗衣俊和张婆婆夫妻二人在田间做农活，一个路人上前讨水喝。夏天天气炎热，在田地里做农活，常常会用那种大肚子茶壶带一壶凉茶解渴提神，有时为了不因回家吃饭耽误做事，还会带些充饥的口粮。路人讨水时，二老不仅爽快地提供茶水，还大方地请其享用自己充饥的薯粑。在异乡夏天烈日下孑孓而行的陌生人，碰到这样热心的款待，任谁都会感动，这完全是一幅温馨、相谈甚欢的画面。据说，陌生人是一位精通风水的人物，感动之余，风水先生指着远处的栗林问道：“那里是不是归您老人家所有？”“是啊。”“若迁居此地，虽搭茅舍，日后必至富且贵。”意外地得到一块风水宝地，二老自是大喜过望，热情地邀请风水先生到家作客，并用丰盛的酒菜盛情款待了风水先生。

风水先生在用餐时，心里有些不快。因为餐桌上的鸡，只见鸡皮、鸡脚爪、鸡内脏这些鸡杂，而正经鸡肉却没有一块。在传统乡村风俗中，鸡肉待客是对客人尊重的表达，而鸡腿必定会被主人献给餐桌上最尊贵的客人。杀了鸡，桌上却没有见到鸡肉，这不仅仅是对客人的怠慢，简直就是侮辱。在中国古代风水术里，找到一块风水宝地不容易，更难的是在风水宝地上点出准确的位置，自古就有“三年寻龙，十年点穴”的说法。现在罗衣俊夫妻尽管知道了栗林是块风水宝地，若是找不到准确的位置，也只能望洋兴叹，“失之毫厘，差之千里”同样适合风水术。风水先生因鸡肉而不痛快，就不愿意进一步提供有用的信息，自是一夜无话。第二天，风水先生要走了，当接过张婆婆为他准备的装着午餐的竹饭筒时，他也没有多想就辞行上路了。据说，走到三桥村恰逢午餐时间，风水先生打开竹饭筒用餐，翻开上面一层米饭才发现，原来鸡肉全都装在了这里。误解顿时烟消云散，风水先生自然是非常感动。他折返回来，将在栗林这块风水宝地建房立舍的具体位置、方位朝向一一告诉了罗衣俊夫妇。这时二老年事已高，虽然得到高人指点，但迁居搬家，有心无力。据记载，直到乾隆六年（1741），距离罗衣俊从福建回乡已近百年，距离罗宗三从吉水迁居牌楼罗家大屋已近四百年之久，才由他的孙子罗长万完成未竟的夙愿。这一年，罗长万率妻子毛氏、弟弟罗花万、儿子罗裔彩，迁居到现在罗家中门这个地方。

三

风水真能决定一个家族的命运吗？罗家中门村之所以在科举年代显得那么光彩耀眼，真的是因为谋到了一块风水宝地吗？

关于这块地的风水，从村人含糊其词的讲述里找不到一个准确的答案，在外人看来可能是讳莫如深，事实上是真的说不出所以然。有人说这是一块绵龙地，又说不出为什么。有人说株岭山有座案山，构成的气局为村庄所有，出达官显贵，但案山具体是哪座山又说不明白。也有人说，从狮子到瑞昌以至于到武宁，构成了一条巨龙，而这条巨龙的奶头位置就是罗家中门村，所以世代不愁吃穿。还有人说村前的小河，在祖堂前构成了一个回水湾，形成曲水环抱、藏风聚气的格局。直到当代，由于中上段修了两道拦水坝，导致中上段河水成为死水，河水浑浊，中下段断流，有些故作神秘的人又有新的说法。总之，280余年以来，各种推测莫衷一是，只能说似乎有理，似乎牵强。风水这件事，且当姑妄言之，姑妄听之吧。

让我记忆深刻、感触最深，我认为是解答问题根本的一句话，是村中老人罗克灿先生反问我的。笔者问过好几位村民这样一个问题，多年前村里有一处叫“老学”的房产是不是学校？尽管这处房产早已拆除，但村民们非常肯定，“老学”以前就是村里的一座学堂，李鸿宾就是在这里发蒙进学读书的。而且老学之外还有“新学”，都是家族公产，解放后也都成了民房。你一言我一语，还能够清楚地凑出几十年前住过谁，为什么住了进去。据说，科举时代，村里每一房族都有自己的私学，各房族延聘名师，教授自己房族子弟，最盛时村里竟有六七所私学之多。我很惊讶地说了一句：“难怪村里出了那么多有功名的人。”罗克灿先生反问道：“你以为呢？”

一座自然村落，这么多学校，我们完全可以想象，两百多年前的罗家中门村，不进学的子弟肯定是罕见的，进学读书才是当时村庄子弟的常态。或许在这条巷道听到的是《三字经》的讲解，在另一个巷道听到的却是《弟子规》的吟诵，转过一个弯，或许听到的就是《声律启蒙》《千字文》的授课。每一个晨昏，在村庄的每一个角落，肯定都能听到抑扬顿挫的朗读声，抑或先生打板子的声音、呵斥的声音，也在村庄里回荡。

读书，说起来容易，但在那个年代，做起来可不是那么容易。生存就是首先需要面临的最大问题，所谓“耕读传家”的字面意思是边耕边读，但真的能够通过耕田来保证自由自在的读书状态吗？答案是否定的。读书、进仕，通过“仕”获取财富，这是中国古代读书人一条普遍的出路，罗家中门村自然也不能例外。读书、科举、进仕、做官，而科举不成功的族人，也可以通过官府中族人的庇护，或者入公门，或者从事商业经营，通过各种途径保证有足够的经济来源，让后代子弟继续读书。

读书名声传出之后就有人不服。一日，村里一位长工到井里挑水，村里水井建在紧靠河流旁的回水湾处，要沿着河岸走一段路才能到达井边。就在他经过这段河岸时，遇到一位衣衫褴褛的陌生人在河边走来走去。长工觉得奇怪，忍不住提醒道：“客官是来走亲戚的吗？”陌生人说：“有穿这么烂的衣服来做客的吗？讨饭的。”长工心想，要饭的还这么有理，还是顾及他的尊严说：“这是河边，做客要去村里。”这时，陌生人竟对着河水，一边摇头一边说：“河湾水浅难藏独角龙王。”挑水人虽是长工，在村里待了多年，感觉到这个人不是讨饭那么简单，他口中说出的那句话，就像一副对联的上联。他感到对方就是来挑战的，但自己又对不出来，挑着两只空桶向水井走去。正对着水井的河对岸，那里有一棵四五人才能合围的枫杨柳树，可能是被他走路的声音所惊吓，一群鸦雀鸟从树上跃起，迅速飞向远方。当他挑着一担水再次来到那位陌生人身边时，陌生人带着一种挑战的口气，又一次摇头晃脑地说：“河湾水浅难藏独角龙王。”长工这时脱口而出：“树大枝高不栖无名之鸟。”陌生人当即对着三益堂方向拱手作揖，灰溜溜地离开了。过了很久，这件事的前因后果才传到村里，那是从九江来的秀才，原本是想长工回家传话，请出有学问的人，没想到竟然被长工自己对上了。他是有功名的人，不能向长工作揖，于是向罗家祖堂施礼表达敬意，而且逢人就说罗家中门文脉绵远。

四

一座小山村，百年之间，二人中进士，六人中举人。“人文蔚起，科第联翩”的称赞是否名副其实呢？

清顺治三年（1646）江西开科乡试，至光绪二十九年（1903）江西最后一场乡试，前后持续 258 年。在此期间，江西乡试共录取举人 11 005 名，其中九江府共录取举人 564 名。从这个数据可以看出，李宗昉所言非虚。

罗家中门村举人、进士名单如下：乾隆六十年（1795），罗裔辉（榜名罗辉藻）

中乙卯科举人，任宗学教习，候铨知县。嘉庆九年（1804）罗丰宾中甲子科举人，嘉庆二十二年丁丑科（1817）进士【笔者注：祖堂墙壁勒石《我中门村之由来》记载是十四年（1809）登己巳恩科进士，有误】，任江西建昌府教授。道光二十四年（1844）罗瀚隆中甲辰科举人，咸丰二年（1852）登壬子二甲第七名进士，选庶吉士，朝廷赐罗家中门村“太史第”匾，现今祖堂三益堂大门上端悬挂的“太史第”即是。罗瀚隆后任广东南海知县，领知府衔。咸丰元年（1851）罗德隆中辛亥科举人，任安徽歙县知县。咸丰五年（1855）罗绳隆中乙卯科举人，任江西铅山县训导。光绪十七年（1891）罗裕樟中辛卯科举人。罗裕樟后为著名学者，九江现代教育先驱，任京师大学堂分科监督，参与《辞源》筹编，是《中华大字典》分辑者、《辞海》编辑者、《清史稿》协修，创办德化高等小学堂（九江市柴桑小学前身），在九江首倡西式教育。

光绪三十一年（1905）进行了最后一科进士考试，从此在中国大地上存在了1300年的科举取士制度彻底废除，罗家中门村的科举历史以及与这段历史一同存在的曾经风光，也渐渐被人们所淡忘，现在只有祖堂三益堂前四个旗鼓在诉说着曾经的往事和岁月的沧桑。

据现在六七十岁的老人回忆，他们小时候见到的旗鼓，一座掩藏于三益堂前曾有的一条水沟旁，仅有短短一截露出土面，另外三座一直作为桥墩置于河道里，先是铺了四块石板做桥面，后换成四块水泥板。四座旗鼓被整齐地排列在三益堂前，应该只是十多年前的事情。在年纪稍长的人们的记忆中，21世纪初，村里的角角落落里还能见到一些叫“旗夹”的石板，长形，一端有一个比手腕略粗的圆孔，同一端一角凿成斜角，因此，应该是长条五边形石板。有资料显示，科举年代，每中一位举人，朝廷赐两块旗夹作为竖立旗杆用，这样算来，村里应该是有12块旗夹了。如今找遍村庄，也见不到旗夹的影子，不知道被谁收藏在哪里。新修的祖堂，大门上端高悬“太史第”匾，进大门门堂上方屋梁上悬挂两块“进士”榜，进入中厅可见东西两侧每侧各悬挂两块共四块“文元”匾（笔者注：每位举人一块，本应该是六块），不过，这些全是2019年祖堂重建时新制之物。我常想，和旗夹一样的那些老物品，是不是在默默地期盼能够回到她们曾经的舞台，让子孙后代有更多的机会，感受那段砥砺奋进的岁月和先辈热血沸腾的激情。

邮亭驿站刘铺司

刘为珍

当今世界交通便捷，通信发达，不仅天涯若比邻，而且洲洋也连成了一体。古代则不然，不说民间有“家书抵万金”之难得，就是国家公文也只能靠邮驿来传递。

提起邮驿，人们往往会联想起杜枚《过华清宫》的绝句：“一骑红尘妃子笑，无人知是荔枝来。”南宋爱国诗人谢枋得在《唐诗绝句注解》中称：“明皇天宝间，涪林贡荔枝，到长安，色香不变，贵妃乃喜。州县以邮传疾走称上意，人马僵毙，相望于道。‘一骑红尘妃子笑，无人知是荔枝来’，形容走传之神速如飞，人不见其何物也。又见明皇致远物以悦妇人，穷人之力，绝人之命，有所不顾，如之何不亡？”从绝句到诗注，除了揭露唐玄宗荒淫无度、放纵误国之外，还可再现出在“蜀道难，难于上青天”的巴蜀之地，邮驿传递如此之快，足见邮驿在唐代就覆盖全国，相当发达。

邮驿，作为政府专门传递公文和军情的通信机构，最早可追溯到战国时期，至今约有三千多年的历史。早期的公文传递主要是靠人力步递，把边境内外传递文书的机构称“邮”，两邮之间的距离为25公里，即一个成年人当天能往返的路程。秦始皇统一中国以后，在废诸侯设郡县的同时，还设立了“十里一亭”制度，以郡守、县令、亭长为地方

位于朗山北麓双瑞线的刘铺司

行政长官而治理天下。亭，作为地方基层行政机构，兼具地方治理，还有公文传递的职能，故有“邮亭”之称。汉代开国皇帝刘邦就曾担任过沛县泗水亭亭长一职，也是在他担任亭长期间，在解押犯人去骊山服役途中因“释刑徒而亡匿于芒砀山岩泽之间”。陈涉揭竿之后，他才趁势而动，斩蛇起义，最终以亭长起步，成就了大汉帝业。

到了汉代，改“邮”为“驿”，即由人力步行邮递到骑马快送，改 10 里一亭为 30 里一驿，邮距也由 25 公里延伸至 150 公里。为了增强功能，东汉时期还逐步将单一的置骑传送公文军情的驿，扩展为兼有迎送过往官员和使节的接待机关。到了唐代，随着国际交流的频繁，各国使节以及官员公差接送的增加，朝廷便置马建馆易名为“馆驿”，以突出其迎来送往的馆所功能。据史料显示，盛唐时期，全国有馆驿 1643 个，从业人员达 20000 余人。馆驿设驿丞，也称驿将，上属巡抚直辖，下役驿卒差夫。到了明代，地方各州府县又增设里铺，以传递公文兼治地方行政。通常十里设一铺，铺的主管称铺司，传递公文及维护地方治安的差夫又叫铺兵。

据清乾隆年间编纂的《德化县志·邮传》记载，德化（今九江市柴桑区）境内明清时期分设浔阳、通远二驿。浔阳驿，在清雍正八年（1730）裁汰归县。通远驿（今属九江市濂溪区赛阳镇），则一枝独秀，到乾隆年间发展最为鼎盛。志载：“通远驿，去城六十里。额马五十匹，差夫一百二十名，设驿丞一员专管。雍正十年（1732），巡抚张坦麟以德化、通远、德安、建昌四县驿为四通八达之区，俱额设差夫一百二十名最为极。乾隆十九年（1754），知县高植以德化水陆交冲，为江省门户，差务之繁，甲于全省，又下站湖广孔垅驿，备叙添雇民夫。乾隆二十九年（1764），添站夫三十名。”也就是说，通远的差夫最多时为一百五十人。

方志对府铺也附有记载：九江府总铺，在郡治前右去三十步许。由县境而东北至湖口，由南至德安，由西至瑞昌总计十有六铺，额设铺兵五十四名。其中，由县境而西距县城六十里曰丁田铺，七十里曰朗山铺，八十里曰高良铺，九十里曰新塘铺，一百里曰茂溪铺，过此即瑞昌界。

随着驿铺里网络的不断拓展，耗费了大量的国库财力。据《大明会典》记载：凡马驿设置不等，冲要去处，或设马八十匹、六十匹、三十匹。其余虽非冲要，亦系经行道路，或设马二十匹、十匹、五匹。上马一匹，粮一百石，中马一匹，粮八十石，下马一匹，粮六十石。除去马粮之外，还有驿丞铺司的俸禄，兵卒差夫的粮饷，不能不说是国家及地方财政一笔不小的开支。元末明初，由于战乱连年，国库虚空，为节省驿铺开支，驿丞、铺司常由当地德高望重、家底殷实的乡绅来担任。

方志中存录的朗山铺（今九江市柴桑区狮子镇朗山村），刘氏先祖就曾担任过铺司，刘铺司的村名也即由此而来。

据《刘氏宗谱》记载，元末明初，朱元璋与陈友谅大战鄱湖，湖区百姓为避战祸，十室九迁。先祖端二公因年迈古稀，行走不便，子寿五公兄弟又因守父尽孝，不便外迁。出于家族安危计议，端二公只得叫回已在临江府清江县（今属江西樟树）建家立业的长孙永二公来完成举家远迁的使命。祖永二公谨遵祖训，于明洪武元年（1368）二月初八日，携三弟永四、永七、永八及家小，从彭泽水西坂（今属彭泽县太平关乡）离乡背井，举家远行。初籍德化县仙一乡磻石街（今九江市柴桑区新塘乡），永四公迁至太湖井口，永七公迁至湖口走马坂，永八公定居在磻石街，永二公再迁至德化县仙二乡神灯湾（今九江市柴桑区新合乡）。待时局稳定之后，永二公长子芳六公迁回故里彭泽水西坂，次子丝公生郁鉴、郁保。历三世而传至郁鉴、郁保二公，于明永乐年间又卜宅朗山北麓老虎冲，即今名朗山村刘铺司。

刘铺司，位于朗山北麓，前向朗山为案，左亘跑马埒山为护卫，右陈纱帽、龟岭二山，一条小溪蜿蜒曲折自西而东绕村而流，山环水合，龙虎相抱，用堪舆术语说，纱帽主贵，曲水主财，龟岭主寿，福禄寿三星当旺，是一块发富发贵、丁财两旺的风水宝地。青龙连白虎，出了知县出知府。谱牒有载，郁鉴公卜居开基，历三世，缵公之子智福公，凭功名起家，还真的出任了黄州（今湖北蕲春）知州。现居于湖北黄梅县新开镇白沙洲的刘村就是刘知州的后裔。

自肇基祖郁鉴公卜居朗山北麓之后，子孙耕读为本，忠厚传家，成为乡里望族。在驿丞、铺司由地方士绅来担任的朝代，朗山铺的铺司就当之无愧地落在刘氏先祖肩上。方志所载的朗山铺也就叫成了刘铺司，久而久之，铺以刘姓，村以铺名。刘铺司，这个村名一直因相沿袭。

（原载于 2019 年 4 月 27 日《浔阳晚报》）

鸡公岭与岭上红村

刘为珍

古人对鸡，景仰有加。说鸡，头戴红冠，为文德；足长利距，为武德；遇敌而斗，为勇德；得食相呼，为义德；鸣不失时，为信德。真可谓是文武兼备，五德俱全。甚至早在远古时代就把“鸡”列为生肖。典故汉高祖“明修栈道，暗渡陈仓”中的历史名城陈仓，就是现在的宝鸡市，黑龙江的鸡西市、鸡东县也是以境内的鸡冠山而得名。金鸡坡、鸡婆畈、公鸡嘴之类以鸡名地的称谓也屡见不鲜。

无独有偶，在九江市柴桑区狮子镇朗山东麓，也有个以鸡命名的地方叫鸡公岭。这鸡公岭远近闻名，过去人寄往白鹤乡朗山里的信函要在村名前冠上“鸡公岭”这个地名，邮差才能送达。

提起鸡公岭，当地还流传着一连串的地名传说。在鸡公岭的西头，有座平头山冈叫万谷仓；山冈北麓一支余脉蜿蜒起伏向东延伸，叫鹞鹰埂。埂南陶溪冲，冲畔立兵坳；坳北三房垅，垅冲坳畈，肥田沃亩，人烟稠密。这鸡公岭，面朝朗山，嘴依万谷仓，两畈一岭，溪水环绕，真是块吃不完、用不尽的旺财宝地。可惜北有“鹞鹰埂”，相克“鸡公岭”。不过南有“立兵坳”相护，鹞鹰再凶，也与公鸡无大碍。你看，公鸡食谷，鹞鹰抓鸡，兵击鹞鹰。地名传说，相生相克，竟然如此珠联璧合、趣味横生。

传说归传说，这鸡公岭位居要冲，不仅是朗山里陶溪冲出入往来的必经之地，也曾是九江府通往瑞昌、德安两地的官道交会处。古时，这里曾有官兵驻守，岭南的黄金桥头的立兵坳，就是以兵营驻地而得名。在清朝咸丰年间，一支贵州官兵就曾驻扎在这里，民间还流传着蒋副将“金桥有难”的故事。是说洪秀全在金田起义，建立了太平天国，咸丰三年（1853）建都南京。太平天国军又分兵数路，西征北伐，直捣清廷，朝廷调兵遣将四处堵截。咸丰四年（1854）秋天，清军有一姓蒋的副将，从湖北田镇半壁山奉调开往九江。出征前遇有一白发老道上前劝阻，说太平军替天行道，与其作对必招凶险灾祸，并劝蒋副将逢桥莫过，断定“金桥有难”！这蒋副将王命在身，当然不敢违抗，只得半信半疑沿途打听，凡遇有“金桥”的地方，宁可跋山涉水走险路，也要避而远之。一路七弯八绕，曲曲折折，总算到达了九江，就驻扎在鸡公岭立兵坳。这蒋副将安营扎寨，天已将黑。也如往常一样，派人四处打听这里是否有叫“金桥”的地方。军探回报，这立兵坳营地前的那座桥就叫“黄金桥”！蒋副将听报大惊失色，立马集合队伍，另择营地。这时，一颗炮弹打来，不偏不倚正落在火药桶里，近千人马死伤大半。蒋副将见此惨局，正应“金桥有难”之谶，悔恨之余，绝望至极，以为天意，剖腹自尽。

清同治年间编修的《德化县志》还真的录有立兵坳贵州蒋副将兵败身亡的记载：“鸡公岭，南有山，名立兵坳，国朝咸丰四年（1854），统领贵州勇蒋公殉难处。”卷第二十四《武事》更为详细：“九月十五日，蒋副将率守备刘裴军由田镇半壁山至白鹤乡鸡公岭。十六日五更，贼出城绕沙河镇，袭官军，烧杀官军七百余人，蒋副将剖腹死。”由此可见，无论是民间传说，还是方志记载，都证实太平天国大军在鸡公岭南的立兵坳打了一场袭击战。

由于鸡公岭位处一府两县的交通要冲，这里还曾设有街市，那岭上的用条石铺成的路阶叫“十八踏”，踏阶上的一条石板街，街边“刘饭铺”“王屠户”“小学堂”等至今仍沿袭的称谓，就见证着鸡岭街的兴盛与繁华。而且，这里还是当地的政治、文教中心，就是在中华人民共和国成立之后，陶溪乡和陶溪小学都曾设立在鸡公岭。如今鸡公岭也是狮子街道所辖的鸡岭、朗山两个行政村的所在地。

“共产有几天，出了五嚭苏家煊，穷人共产有饭吃，吃了大户有衣穿。”这是流传很广、当地不少老人至今还记得的一首红色民谣。五嚭，姓黄，就是鸡公岭人，村苏维埃委员，革命烈士。从这首红色民谣就可得知，早在大革命时期，这里就成了当地共产党人的活动中心。1927年10月，星子暴动之后，组建赣北红军游击大队，开创岷山根据地。作为根据地的前哨，1928年，鸡公岭就成立了赤卫队。父亲入农会，儿进赤卫队，母女同支部，兄弟共一连。鸡公岭，在轰轰烈烈的土地革命运动中成了远近闻名的红村。1930年7月之后，赣北红军奉命两上阳新壮大主力红军，红色鸡公岭，与赣北岷山根据地一起成了国民党反动派重点“清剿”的对象，鸡公岭村也成了当地村庄革命烈士最多的村，母子献身革命，在鸡岭村的红色村史上，已不属于个例。

《中共九江县地方史》（一卷）对红色鸡岭村一门忠烈就曾有专题记载：1930年8月，朗山陶溪冲赤卫队通信员徐趣兰在给红军送信途中被杀害于瓦窑垅。两个月后，其子刘念坤又在德安作战中壮烈牺牲。同村的另一位通信员王氏，在送信途中被捕，为严守机密，宁死不屈，在黄金乡罗家中门英勇牺牲。其子邹庆友，13岁时就参加革命，先后任中共仙南、岷山区委书记，1935年被敌人杀害于岷山郭家冲，年仅21岁。

《赣北岷山革命根据地》对鸡公岭红村也录有大幅记载：1934年3月，中共赣北工委决定成立中共黄金中心区委，赣北工委书记刘为泗亲自兼任区委书记，鸡公岭曾做过区委所在地。抗日战争时期，刘为泗深入鸡公岭一带发动群众，抗击日寇，镇压强盗。当时有叫范传灼、范传兴的两兄弟，依仗一身武艺，趁日寇沦陷九江之机，纠集歹徒，入伙为盗，在城门、仙居、新塘一带昼伏夜盗，为非作歹，终被刘为泗领导的游击大队捕获。1938年9月18日，中共赣北工委召开村民公审大会，在鸡公岭以南的陶溪河滩处决了那伙强盗，为首的范传灼、范传兴还是刘为泗的姑表兄弟。中共赣北工委书记刘为泗，大义灭亲斩姑表兄弟，一直在这一带村民之间传为佳话。

（原载于2019年6月22日《浔阳晚报》）

蔡桥的来历

孔祥群

蔡桥村是狮子街道的北大门，坐落在张家湖畔的南面。东与沙河街道东风村、杨花村、青锋村对接，西与城门乡石桥村、白合村接壤，南与狮子街道龙岗村田共埂、地共沟。水域由本村陈堰经蔡家河流向张家河。蔡家河位于蔡家磡北偏东的方向。清朝初期，蔡姓从马回岭移居此地，购买良田，当时河的北面与南面没有桥，人们在河的北面劳作只能用小船过河，交通不便。蔡姓祖先在清代中期在蔡姓社山砍松树架桥，秋季河水浅，用两棵大松树在河中间做桥墩，桥墩上横着一棵较粗的树做中间楔，然后用大树分别从中间向两岸均分三棵做桥面，最后在桥面铺上松木板，民国二十三年（1934）天旱、枯水，蔡姓的子民把腐烂的松木拆除，再用杉木重建，便于蔡家磡人民和石桥人民过河劳作，也成为他们外出、赴沙河的必经之路。建桥后，一位蔡姓老先生在木桥上刻写“蔡桥”二字，这一桥名也一直沿袭至今。后来，行政村也是用蔡桥来命名，叫蔡桥村。

（原载于《秀美狮子》）

住刀岭的传说

周海应

住刀岭（今叫住岭）位于庐山北麓九江市西郊，距九江县城沙河街镇两公里，是狮子镇住岭村村委会驻地。过去此岭不长树木，只是光秃秃的一片青石头，虽说是石头却还是一片宝地，当地百姓利用它烧石灰、砌墙基、铺路等。过去由于有了这片青石头，就有了一个个动人的传说故事。

相传元末明初，政治腐败，民不聊生，全国各地农民起义风起云涌。江南有一支人马，头目姓李名明孚，这人身长七尺有余，膀阔四围，皮肤黝黑，说话如雷，人称“黑张飞”。论本领，可称打遍天下无敌手，可叹是有勇无谋，一生听别人摆布，在一年内他两次投军，第一次投陈友谅部下，因不重用他，气得李明孚在一次行军途中不辞而别。第二次投朱元璋帐内，被朱元璋误以为是军探差点断送了性命。

在朱元璋帐下听令，由于他勇于杀敌，多次立了战功，得到朱元璋重用，第一次提拔他为开路先锋，不到一年时间提升为大将，李明孚更是勇往直前。有一次与元军作战，把元军杀得弃甲马翻，一连追杀百余里，大获全胜。

常言道：“胜败乃兵家常事。”有一天，李明孚在江州（今九江）与元军作战，由于寡不敌众被元军追到狮子镇一小山冈上，元军为了报复不分青红皂白，见姓李的就杀，他们的口号是“只许错杀一千，决不放走一个”。李明孚没有逃过厄运，也被害于这小山冈上。说来也怪，就在李明孚倒下的同时，小山冈上的石头忽然发出耀眼的光芒，变成了颗颗宝石。元军被眼前的景象惊呆了，便顾不得杀人，个个丢下手中的武器，就此住刀，一齐涌到小山冈上找宝石去了。李明孚的剩余部下和当地老百姓乘机得以逃命，大家都说是李将军保佑了他们。

后人为纪念反元大将军李明孚，将这座小山冈取名“住刀岭”，这就是住刀岭名字的由来。

（原载于《九江民间故事选·柴桑卷》）

三桥村的由来

魏安球

今日三桥村，原名山口桥。据《九江地名志》记载：是由于此地有太阳山、云绕山（俗称银台山）、印把山（俗称堰山）三座山，三座山交会处有条小河溪，小河溪上有座木桥而得名为山口桥。太阳山坐落在此地小河溪的西区，而山正面口朝东方，太阳一出来阳光正好照在整个山上，故得名太阳山。云绕山坐落在此地小河溪的西南面，山正面口朝东北方，山势陡峭，山顶常有云雾环绕，故得名云绕山，后人将云绕山随谐音叫成银台山。印把山坐落在此地小河溪东南面，山正面口朝北方，远望山形像印章把子，故得名印把山。后来魏氏家族在印把山山脚下的小河溪上堵水做堰灌溉农田，又因经常在此山砍杂木和取土做堰坝，将此叫成堰山。

这三座山的正面山口汇合在此地，而三座山汇合处的中间是一条自西南向东北长年有流水的小河溪，小河溪上有座小木桥，这个“口”字是指山口的口，由此得名山口桥。

到了宋朝中末期，民族英雄岳飞因抗金护国，在江州（今江西九江）一带较长时间作战，其母、妻也随同来到江州，由于战争艰苦劳累，母和妻先后都病亡，其妻李氏夫人就安葬在太阳山脚下。民国时期，政府为了纪念民族英雄岳飞，将岳飞妻子李氏夫人之墓重新修复，在修复时发现墓基底层深处有一残缺石块，石块上刻有“大宋山口桥”字样，由此也可以证明此地叫山口桥且得名较早。

牌楼村的由来

帅世平

牌楼村，旧称义门坊。位于柴桑区狮子街道南端，株岭北麓中段的义门山下，清朝属九江府德化县甘泉乡齐集里，今称柴桑区狮子街道牌楼村。史载，早在唐开元九年（721）陈伯宣自泉州仙游来庐山隐居，定居于株岭山下的齐集里。从此陈氏初显于江洲至中和四年（885）家口七百，十世同居，唐僖宗御封“义门陈氏”，并在义门建义门祠，内塑陈伯宣肖像。龙纪元年（889）重新旌表，赐立“义门”。山称作“义门山”，铺称作“义门铺”，田畈称作“义门畈”。元末明初，朱元璋、陈友谅鄱阳大战，朱元璋占领九江，以为陈友谅是陈伯宣后裔，就掀其祖坟，株连九族，义门故里成为一片废墟，陈氏子孙纷纷隐居匿姓，四处逃难。直至嘉靖三十二年（1553）明世宗为使国家安定，深知先帝诛陈之过，力图义治天下，遂派遣江西巡按肖场查访义门遗址。历经反复查寻，终于认定齐集里为义门故居。经过陈氏子孙鼎力兴建，一座高耸入云的义门坊坐北朝南，矗立于义门畈中，边缀花纹的石板上刻有皇帝御联：“聚族三千余口天下第一，同居五百多年世上无双。”巨幅石匾上镌着“义门陈氏遗址”六个大字。匾上叠有石朵，蔽以琉璃，显得辉煌壮观，远望去“似牌也，亦似楼也”，故称之为“牌楼”。

阎家花屋的由来

阎家汉

站在狮子山上，向西北眺望，由朗山发脉的一条长垅中间，坐落着一个秀美的小村庄，那就是远近闻名的阎家畈村。提起阎家畈村，在解放以前，他并不叫阎家畈村，而是有个雅号叫“阎家花屋”。

说起“阎家花屋”，还得从明朝时说起：明朝阎姓旭公跟随明军大战鄱阳湖，屡建战功，被明太祖赐封武德将军（有现存古墓碑为证），并受封定居在九江。最先选定的落脚地是在山清水秀的现涌泉乡泉塘村，也就是现在泉塘小学上首门前有一水塘的村落（现仍叫阎家塘村，村内还存有当年的石旗鼓、石香炉，村旁有古墓数家）。在过去，阎家塘地势虽好，但由于周围高山密林，来往人烟稀少，加之阎姓壮年都在外为官或经商，村内仅剩老人小孩定居。在某年的一个冬夜，遭强盗的洗劫，村里所有值钱的家什都被洗劫一空，告到官府也破不了案，最后阎姓祖人只好整体搬迁，将家迁到现在的狮子街道龙岗畈。这里周围村庄稠密，人口众多，垅畈中间空旷，有长年不断的河流，土地虽然贫瘠，但有发展前景。

定居在这里后，就大兴土木，建屋盖房置田地，特意从京城请来有名望的工匠对整个村庄进行设计：村后筑起翠竹大坝，村东开挖水塘便于浣洗种藕，村西临河建养鱼池便于观赏吃用（鱼池现已改为良田，仍起名叫池田），前门留出大片开阔地种花种草，村庄亭台楼阁一应俱全。青石巷道连接各家各户，户户门楼雕龙画凤，家家室内殷实豪华，朱漆门窗光鲜焕彩，村周桂树、樟树长年香气扑鼻，真应了那句“履在村中走，人在画中游”的赞语。

据谱料记载，建村共费时三年。建成后，地方官员、名流都赶来祝贺，九江知县大人亲书“阎家花屋”横幅（后阎姓家人把它制成匾额，一直悬挂在村祠楼头，日本人入侵时，人们把此匾额取下藏了起来，后在“文化大革命”时遭毁）。

随着岁月的推移，到了日本人践踏中国之后，阎家花屋也难逃厄运，倭寇们看见村庄这样豪华，硬说里面藏有大量宝贝，强逼村民们交出来。村民们交不出来，他们首先就把掩护村民、勇于出头抗争的清末秀才、教书先生阎克谐杀害了，之后放火烧毁了整个村庄。好好的阎家花屋延续了几百年，就这样毁在了日本人手里。大火过后，村庄仅剩下石门槛、石门壁等烧不烂的断壁残垣，村民流离失所，投亲靠友，远走他乡，过着颠沛流离的生活。

解放后，是共产党给小村带来了光明，特别是党的十一届三中全会，改革开放后，小村更是发生了翻天覆地的变化：家家盖起了高楼，户户门前花红柳绿，水泥路道纵横交错连接各户，通向村外，小车庭前停放，少年求学走四方，大学生、研究生不断涌现，年轻人从政、经商各行其道，老年人老有所乐，宽带网络把党的政策、致富信息传到村中，昔日的小村庄又繁华了起来，人们笑着说：“阎家花屋的雅号又要回来了！”

李鸿宾在罗家中门村的故事

罗克岩

一、渊源深厚

李鸿宾是罗家中门村的女婿，也是罗家的外孙。

李鸿宾（1767—1846），字象山，号“鹿苹”，一作“陆平”，任湖广总督、两广总督、协办大学士。1826 年 6 月 22 日至 1832 年 9 月 14 日，李鸿宾任两广总督。清朝两广总督的正式官衔为“总督两广等处地方提督军务、粮饷兼巡抚事”，是清朝九大总督之一，总管广东和广西两省的军民政务。李鸿宾也是清代九江市官位最高、禄位最隆的大官僚，《清史稿》《德化县志》《九江县志》均有传。他出生于德化县白鹤中乡沙河镇北郊（今柴桑区沙河街道），李家府邸建于沙河街道的骆驼山之西、原铁路东侧的田畈中。

祖父李学山也是罗家女婿，乾隆九年（1744）中举后，授知县不赴任，改就教职，因孙贵，赠荣禄大夫。父亲李继发，科场不得意，为县学生员，因子贵，殁后赠荣禄大夫。李学山中举后，家道已经开始兴旺，俨然乡绅贤达。

那个年代，罗家中门人极其重视读书，各房族都办有自己的私塾。清朝中期，最盛时村里竟有六七所私塾之多，用功读书的氛围可想而知。

李鸿宾以外孙的身份，从小被送到罗家中门发蒙进学读书。19 岁迎娶村人罗裔彩的女儿为妻，23 岁与妻子的堂叔罗裔辉（后中举，榜名罗辉藻）同入白鹿洞书院深造。李鸿宾早年一切开销、应酬，都由长他三岁的妻兄罗丰杰调度筹划。后来李鸿宾走上高位，有了厚禄，买田置地、建屋造宅、田庄经营及账簿管理，也都由罗丰杰一手经办。李鸿宾 49 岁那年母亲去世，50 岁在家守制期间建造府邸，都是罗丰杰张罗操办的。李鸿宾 68 岁那年，28 岁的三子李儒郁病逝，葬于罗家中门祖坟山糍粑岭。18年后，也就是李鸿宾去世六年后，长子李儒郊去世，也葬于糍粑岭。

可见，李鸿宾与罗家的渊源极深，超越了一般翁婿之间的情感。

二、河中妙对

李鸿宾读书用功，遵规守纪，但小孩子就是免不了有孩子气。

那是一个夏天闷热的夜晚，学生趁先生做客未归，偷空去河里游泳，以解难当的酷热。李鸿宾也禁不住同窗热情的鼓动，一下就把先生的严厉抛到九霄云外，放下心爱的书籍，欢快地与同窗们奔向河湾。

一群孩子把衣服脱下来挂在河边的枫柳树上，赤裸着身子跳入河中，这一玩就忘记了时间。等到先生呵斥的声音在岸边响起的时候，孩子们就慌了，纷纷奔向古树取衣服。先生挥动手里足有三尺长的竹烟杆，要弟子们站成一排，说："你们擅自逃学，按规矩每人要打20烟杆，现在会不会挨打，看你们的本领。我出一上联，只要你们中的一位能对出让我满意的下联，就免除对你们的责罚。"先生也不管学生是否接受，用烟杆指着挂在树上的衣服说道："千年古树做衣架。"一排学生大眼瞪小眼，唉声叹气等着挨揍，突然河里传来一个声音："万里江河当澡盆。"

原来，李鸿宾还不慌不忙地在河里泡着。先生听到幼小的李鸿宾脱口而出的妙对，立即转怒为喜，和蔼地说道："象山，你赶快起来，还要再对一联。"

先生的这句话，让所有学生都惊到了。象山是李鸿宾的字，长辈对晚辈通常直呼其名，只有平辈人才称字，先生这时候已经兴奋过头了，也可见老师对学生的爱护和器重。后面老师出了这样一个上联："夜浴银河摇动满天星斗。"李鸿宾这次的回答更是让先生大吃一惊，他对道："五更设朝扶持万年江山。"据说，这一次先生没有喜色，沉吟半刻，竟用手里的烟杆，在李鸿宾的头上狠狠地敲了一下，叹了一口长气说道："奸臣！祸国！"

道光十三年（1833年）秋，李鸿宾被罢官免职遣戍乌鲁木齐，他收受英国人贿赂、为官不正的种种消息传回家乡，人们在惊叹五六十年前先生的预言之余，怎么也琢磨不透当年李鸿宾一句"五更设朝扶持万年江山"，怎么就让先生看出了这个孩子将来要祸国。

三、过目不忘

李鸿宾幼年的经历目前无史料可证，他的科举经历是，20岁考取县学生员，23岁入白鹿洞书院，26岁中举，35岁中三甲171名进士。《德化县志》记载他"生有夙慧，读书过目不忘"。

在罗家中门流传着这样的一个故事，一次课堂上，先生布置了背诵任务，学生们都在紧张地用功，只有李鸿宾一副轻松自在的样子。

见李鸿宾没有把注意力全部放在自己布置的功课上，先生把脸一沉，点名李鸿宾要他站起来背诵。任务刚刚布置，反应慢的学生都不一定能够把要背诵的内容读完一遍，竟然要立即背诵。就在其他学生还在惊愕中没有回过神来的时候，李鸿宾竟然一口气背诵了出来。

先生一下就愣住了，随手翻了两页，要李鸿宾放学时背诵。正当同窗准备看这位小师弟放学那一刻出丑受罚时，聪明的小师弟竟然又一次让他们大开眼界。李鸿宾站在先生面前，一口气就背诵了出来。

没想到，先生不仅没有夸奖他，竟然不依不饶。就在李鸿宾一字不漏地背诵之后，先生伸手竟狠狠地翻了一叠书页，要李鸿宾明天背诵出来，背诵错了就要受罚。

因读书天分极好，李鸿宾平时免不了会流露一些浮躁之气，先生下定决心借机治一治他。没想到李鸿宾却让先生的如意算盘没打响，第二天又如期完成了背诵任务。

李鸿宾再一次一口气一字不漏、一字不错地完成了背诵。看着面前得意的学生，惊讶之余，先生假意发狠地说："李象山啊李象山，你等着，我就不相信难不住你。"

先生竟然突发奇想，跑回家拿来他夫人纳鞋底用的鞋钻，对着书籍用力钻了下去。

"两天时间。"先生拔出鞋钻，拿着钻了个深洞的书籍，对李鸿宾说："看到没有？钻穿了多少页纸，就要背诵多少。"

看来，这次先生是彻底与他最喜爱的学生杠上了。

两天后，李鸿宾流利的背诵，让先生彻底见识了世上真的有过目不忘的人。

四、官威吓人

李鸿宾做了大官后，还经常到罗家中门走亲戚，村里人有叫他姐夫的，有喊他姑爹的，辈分大的也就"象山""鹿苹"地叫。

反正怎么称呼他都是一副笑容可掬的神态，待人客气得不得了，谁都说他是和蔼可亲的老好人。所以，就有人笑话他不像做大官的，没有威严，没有煞气，镇不住人。

李鸿宾被说得一时兴起，吩咐手下取了官服、官印、惊堂木过来，借用祖堂三益堂条案，在祖堂表演起升堂。

据说，待官服穿戴整齐，官印摆上条案，端坐于太师椅上的李鸿宾惊堂木一拍，刚刚还嘻嘻哈哈的人们，顿时不由自主地静了下来，胆小的竟然一下就跪了下去，甚至有人瘫倒在地上，有人裤子都尿湿了。

事后人们回忆起那个场景，都说李鸿宾坐下的那一瞬间，眼中射出的光芒，让人不由得心惊胆战，腿脚发软。而惊堂木拍下的那个时刻，都感觉祖堂晃了三晃。甚至传说，三益堂西边耳门门头上方一条砖缝，就是这次震出来的。1999 年三益堂扩建时，有人就多留了个心思，仔细研究了这条缝隙产生的原因。原来是石条门槛下沙子垫多了，天长日久慢慢下沉，导致墙体开裂。但村人更相信李鸿宾是天上的星宿下凡，他的官威有足够大的震撼力。

和尚洼与隆教寺的传说

阎家汉

在狮子街道龙岗村村部的西对面，有一座绵延起伏的山脉叫鄢家山（现在人多叫其堰山或燕山）。在那座山脉的中段有一千余米长的狭窄山洼，山洼两旁，绿树成荫，鸟语花香，洼的最深处有一眼泉流，上半年泉流如注，甘甜无比，过了7月旱季，就干涸见底，无水渗出。相传在大宋末年，这洼里曾有一座寺庙，庙里住着几个和尚，长年香火不断，和尚们的日子颇为惬意。

可不知哪一年，从九华山来了一个和尚，当上了庙里的住持，庙里的香火却慢慢淡了下来。住持忙召集众和尚分析原因，其中一年长的和尚说是这山洼的出口处那山嘴对庙不利，挡住了佛道，再加上庙门又正对垅东边的狮子山头，这也是不好的征兆。这时又一个和尚也附和说，这洼里的泉水时出时不出，是不是龙王也在作祟呀，要我们搬出去。那住持见大家东一句西一句地分析，心无主见，觉得有点道理，就说："那要搬出去，那附近哪有比这更好的地方呢？"那年长的和尚马上抢着说："咱就搬到洼出口不远的鄢家山村去吧，那村庄三面青山环抱，坐靠鄢家山，门前有一条小河，河水清澈见底，长年不断，我窥探了好长时间，真是个做庙的好所在呀。"另一个和尚忙接着说："好是好，可那里住着鄢姓几户人家，他们住得好好的，会让我们去建庙居住吗？"住持心机一动说："既然那里好，搬迁也方便，不怕他们不同意，我自有办法，不信你们就走着瞧吧！"

过了一段时间，鄢家村真出了怪事，鄢家人清早起来开门，总见大门槛上有一泥捏的菩萨，门往里一开，菩萨就往里一倒，接连几天，天天如此。鄢家人感到很奇怪，请风水先生来看，说是有菩萨要到这里来安家，要你们让地盘啊，你们得想办法搬出去才好，否则不吉啊。鄢家人由于缺少文化，无知轻信，听了风水先生之言，不久真的把家搬走了（现在寺庙后山上仍留有鄢家的祖坟和石碑，那山后来由于修河筑堰，常在山上取土，人们也慢慢把鄢山叫成了堰山，延续至今）。

鄢家搬走后，又过了一段时间，和尚们便把寺庙搬到了原鄢家屋场中间。为了祈愿寺庙来日兴隆，香火旺盛，教化当地信佛子民，寺庙起名为“隆教寺”。据《江西寺观》记载，这大概是发生在明朝天启年间的事。

和尚搬出和尚洼后，洼里便被邻近村民开垦成梯田，今天人们仍称那洼为和尚洼。隆教寺庙解放后曾先后作为龙岗乡农会、龙岗乡政府、龙岗大队的办公处所。2001 年重新修复后仍称为“隆教寺”。这就是和尚洼的传说与隆教寺的前身。

六百年沧桑王一我

王事建

在江西省九江市柴桑区狮子街道有一个名叫“王一我”的村庄，很多人听到这样一个村名都会觉得奇怪，心想“王一我”是什么意思？为什么要叫“王一我”？仅凭字面上理解，全村居住的都是王氏家族，所以“王”字开头好理解。那么“一我”是不是“益我”的谐音——有益于我的意思？尤其是以“我”字命名的村庄几乎没有听说过，那么“我”字有什么深意？其实“我”原来是一种兵器，它是象形字，甲骨文中“我”字的左上部是三锋戈，中间一个长柄。因为“我”这种兵器杀伤力强大，拥有者就等于有了绝对的实力，人们就把持有这种戈的士兵都归为“我”方，所以“我”字就代表了自我的意思——“我”的这种无人可敌、威猛无比的意思倒也威武雄壮。

至于王一我村名的意思和由来，就连本村的人都知之甚少，外人更不知其详，导致有关出版物在“王一我”这一词条中表述为“……清乾隆年间，王益我由垄岗寨汪家畈迁此。原名王益我村，因谐音误为王一我”。其实这种说法没有任何依据，完全是凭道听途说加上主观臆断而杜撰出来的。

经查《王氏宗谱》（以下简称族谱），这支王姓家族自始祖子贤公于明洪武年初（1371 年左右）迁居“白鹤乡龙冈畈”后，历经数代，先后有其子弟任沔阳州判、县丞，其胞侄官至奉议大夫，“一时人才济济”……奈何“及四世遭山人之害，废其遗址，各皆揽秀觅奇”而迁离住居 140 年左右的故土。“甫（乡饮寿官）迁鸡公岭下，宅向朗山，因号‘朗溪’，今名‘一我畈’；勇迁龙冈畈，因号‘龙冈’，今名‘王家墩’……”“据族谱及墓碑记载，第四世甫公生于明成化戊戌年（1478），在其成年当家时，正好是明正德年间。《明史》记载，正德五年（1510），建昌县安义乡一带活跃着以徐九龄为首的流民组织（史书称为“山贼”，应该就是族谱中所说的“山人”）。他们出没于黄州、德安、九江、安庆、池州一带，这些地方“咸被其害”，这与历史记载相吻合。由此推之，甫公迁此住居大概在1510年或稍晚一点，并不是在清乾隆年间，两者相隔二百余年。据族谱记载：甫公迁居后，其长曾孙名以赞，字一我，“邑庠生，置业万顷，大启尔宇；捐置学田，有利于子孙之业儒；广施恩惠，有济于乡里之畀寒。名高堂序，望重乡里。此一我畈之所来由也”。也就是说这个村庄当时出了一个很有名望的叫“王一我”的人物，由于其名气很大，所以众乡邻便以他的名字代替村庄地名，而不是“王益我”的谐音。

另外，经查清同治十一年（1872）编修的《德化县志》，相关出版物中称“垄岗寨”其实是“龙冈寨”的笔误。王一我始祖最初的落屯地为白鹤（西）乡龙冈寨的龙冈上畈，所以后来该家族以龙冈畈王氏作为该支王氏名号。甫公是由龙冈寨迁居到栅岭寨，而勇公所迁的龙冈是龙冈下畈。讲王一我从汪家畈搬出应该是对的。族谱和墓碑中均记载一我公就葬在汪家畈，现在其墓及碑依然在现在的龙冈村的一个村庄旁。始祖子贤公葬在韦家岭村庄下首（现因建区委党校而迁葬于王一我村旁的竹林山），两座坟茔相距仅几百米，也就是该家族中传说的祖居地附近。《德化县志》也多处提到汪家畈。可见汪家畈当年是个很有名气的地方（或许是个很大的地方），至少说明现在龙冈村狮子山对面的田畈都是汪家畈范围。

说起“揽秀觅奇”而迁现在的“王一我”还有一个传说：这里及向南延伸的山体原来是一片森林，飞禽走兽较多，王一我的先祖常从原居地来此山狩猎。为了避免往返耽误时间，他们常常携带备好的午饭进山，选择这块相对平坦、视野开阔、旁边还有溪水环绕、风景秀丽的坡地午休用餐。一次他们将所带的饭菜袋子挂在一棵不起眼的树上，到了中午用餐时，却怎么也找不到挂饭菜袋子的那棵树，于是作罢。过了数日后，他们偶然到了那棵树旁发现了上次遗失的饭菜，打开食盒一看，其中的饭菜不但没有馊，反而散发出扑鼻的芳香。于是他们就认定这是一块风水宝地，所以后来便迁居于此，而且一直保留着那棵挂过饭菜的树。据讲那棵树就在现在家族祠堂的右后方，直到解放后那棵树都还在。可见家族对那棵树的重视程度，也从另一方面印证了这个传说的真实性。可惜，不知道是因为树龄的原因还是人为的因素，如今这棵树已不复存在了。

放眼狮子北半部，横跨东西的有两条“动脉”：一条是源自朗山水库滋养半个狮子的蔡桥河（古称应该为陶溪或者朗溪）；一条为横跨整个柴桑东西的重要通道双瑞公路。“王一我”村庄就位于这两条“动脉”之间的田畈中央（原“双瑞路”

是从村庄左侧通过，现路是 1996 年改至村庄右侧的埂上通过）。村庄正对着朗山，陶溪直冲村庄，当地人认为只有王氏大姓才可以住在这个风水宝地。有的甚至诠释为“王”字正如三道坝中间夹着一条河，自然会安然无恙。事实上，这支王姓当时在当地也并非大姓，只是自从甫公迁居此地之后，家族人一代代自强不息、开拓进取，先后在村左侧的山上烧石灰（当时是用柴火烧制的，所以俗称“柴灰”）、在村右侧的小溪旁开设榨油坊（长年榨菜籽、芝麻等食用油和桐籽、木籽等商业用油）、成群结队往返于山里与九江城区之间贩挑木炭、不断购置并经营好田地，等等，逐渐使村庄发展成为远近闻名的一个大村庄。据族谱记载，在鼎盛时期“上抵虎踏石（栅岭山南麓），下达鹤问湖，足不履他人土者，千百余顷”。经过近六百年的沧桑，目前全村拥有 213 户，约 700 人。这个家族自当时及其后分迁屯居各地的世族多达 30 余处，现有人口多达 13 000 余人，唯有王一我村庄的人口最多。加之甫公为该世族长子长孙，所以一直以来居住在其他地方的后裔均以此地为这支王姓的根本，称为“老屋”或“大屋”。村庄前面有鸡公岭、鹞鹰埂、朗山及其水库、黄金桥；后有狮子山，龙冈寨；左有煤山；右有陶溪环绕；古道新路纵横交错、四通八达。有词赞曰：“左立煤岳繁林秀，右环陶溪碧波长。鸡公啼，鹞鹰翔；黄金桥，青龙冈。库灌千畴，朗甑蒸菽粟；衢通九域，狮山护瑞祥。”

说起村庄左侧的煤山，因过去盛产煤炭而得名。或许是因为当年大量开采时破坏了其东面山坡的树林，后来只有一些灌木丛生，便成为这个村庄的天然牧场。奇怪的是，之前开采煤炭时留下煤井遍布整个山坡，口径在一米多，深达三米以上，十分恐怖，而井口既没有围栏又没有任何警示标志，却没有一个放牛娃和上山的人掉入其中。山体的中段又名灰山、竹林山，一直是村庄的薪炭林。这里蓄林时森林茂密，曾经是人们采摘山珍的最佳去处，更是放牛娃们寻觅野趣的乐园。山的西段就是当年连接鸡公岭通往德安的要塞，俗称“泥巴坳”或者“篱笆坳”，其实应该叫作“立兵坳”，是清咸丰四年（1854）贵州一支部队奉命在此抵御太平天国军队立兵处，而且其将领蒋公在此殉难。这里与灰山接壤处，石灰石储量丰富，是人民公社时期该村以及原鸡岭、黄金、朗山等大队开采石灰石和烧石灰的基地，是“狮子的石灰新塘的煤”的一个组成部分。

正因为村旁的双瑞公路是当年通往瑞昌一带的主要通道，所以这个村庄及其周边向来是兵家必争之地。抗日战争时期，万家岭战役前夕，薛岳麾下的一个连队曾经驻扎在这个村庄，据讲他们后来开赴沙河一带为守卫南浔线与日军连续激战了 18 个昼夜。薛岳部队撤离后，日军又进驻这个村庄长达半年之久，村庄周围全部围挡着铁丝网。之后，日军在煤山垴上修建了炮楼等工事，驻扎着日军一个班的兵力，现在在其炮楼遗址周围还能清楚地看到战壕、坑道和练兵场的痕迹。这里还流传着当年其他抗日故事，据讲敌我双方均以这里的民房作为掩体和“工事”，所以这里的房屋遭受过日寇和国民党部队轮番焚烧。同时，这里还流传着家族里王人珍、王人淮两大富豪，以及大革命时期岷山游击队欧阳学端带领游击队打土豪“共产”的故事。当年这里有多名青年志士参加赣北工农红军岷山游击大队，在两次上阳新战斗中先后有王品金、王品池（篪）、王金蓝（经南）、王金（经）钰、王金（经）旺、王金（经）五六位革命烈士英勇牺牲。解放后，土改时期这个村庄曾经作为第八区区政府办公地点，1950 年 11 月，曾任前方办事处主任兼保警大队副大队长，并率部在此抗日的洪育云就是在这里被误杀的。本村两大富豪直系家属被举家驱离，其宅第被政府拆至住岭建人民公社办公场所（原四合院）。之后到改革开放之初，鸡岭大队和村委会及村医务所也曾在这里办公，市军分区和县武装部选派干部在这里蹲点，常常与这里的“社员”同吃同住同劳动。知青下乡时也基本上落户在这里。

世事沧桑，如今村庄旧貌换了新颜。家家户户不仅盖了新房，还在城市化浪潮中到县城买了商品房，家电全面普及，不少家庭购置了私家车，都享受着现代文明的生活。反差最大的是，虽然环村小溪依然清澈，但是没有过去那么多野生鱼虾；虽然村子周围广袤的田畴基本维持原貌，但很少见到过去那样人们穿梭繁忙的身影和庄稼葱茏的景象；虽然村里的房子增多了，但是在此生产生活的人却减少了，并不像之前那么热闹。唯一变化较小的是村旁的数百年古樟，其主干已成长为五人才能合抱之围，树冠覆盖面积达 800 多平方米，她也是村庄沧桑变化的忠实见证者。相信随着国家乡村振兴战略的实施，“莺啼红雨，鸡逐麦场；荷塘贯鱼，绿野鹭翔；稻浪飘香，书声琅琅。渊明笔下问津处，陶溪源头一我庄”的景象会重现，甚至会更好。

王一我这支王姓家族，自明初迁居龙冈畈以来 650 多年的变迁史较为明晰。遗憾的是，由于明季（末年）兵变，“室庐成烬”，家谱随着房屋一并烧毁。之后社会动荡不安，又未及时纂修家谱。直至 100 余年后的乾隆九年（1774）才复修家谱，所以族谱对始祖从哪里迁来龙冈畈都语焉不详，谱序中众说纷纭，有的说从江南太仓州迁来，有的说从太仓经吉安迁来，有的说从豫章（今南昌）迁来，不一而足。

（原载《浔阳晚报》2024 年 4 月 26 日，选入时有删减）

八、岁月如歌

也许，当年那个婴儿落地时的哭声就是在这里给全家人带来了欢喜；也许，当年那个踌躇满志的年轻人就是在这里告别亲人，踏上人生的新征程；也许，当年那个年富力强的人就是在这里爬坡上坎，在师友的鼎力相助下，度过了人生最关键的时期……光阴似箭，岁月如歌。如今，给人们留下的只能是往事的记忆，凝聚的是血浓于水的一脉真情。

追忆逝水流年

——记王槐清同志生平事略

李明珍

王槐清，字继义，号晓民，生于1925年公历11月3日（农历九月十六日），江西九江县狮子玉米垅人。曾任中共九江县第八区区委副书记、书记，中共九江县组织部副部长、部长，县委副书记等职，不幸于1975年10月21日逝世。

王槐清同志的一生是追求光明的一生，为党兢兢业业工作的一生。他历经磨难，忠贞不渝，把自己毕生的心血和宝贵的生命都献给了革命事业。他为人坦荡、清正廉洁、光明磊落，历来受到人们的称颂和敬仰。

一、童年是一首苦难的歌

王槐清同志系革命烈士王植金的遗孤。在那白色恐怖的年代，父亲王植金毅然投身革命，曾任中共赣北地下党特支书记。他白天教书，晚上从事革命工作，令国民党反动派胆战心惊。1929年农历八月十六日（公历9月18日）不幸被捕，王植金被国民党反动派杀害于牌楼河滩。这年，王槐清年仅4岁。

父亲的牺牲，在王槐清幼小的心灵中留下了深深的伤痛。亲人的离去，也使他们母子的生活陷入了绝境。不久，母亲又被富商抢走了。为了躲避敌人的迫害和斩草除根，王槐清孤苦伶仃地只好投靠到娄家湾的亲戚娄文富家中。娄文富同情穷人，倾向共产党。他冒着生命危险收留了王槐清，并不顾自家的穷困，送王槐清上私塾念书。

生活的清贫，磨砺着王槐清的意志。他砍柴、挑水、放牛样样都干，而且从不叫苦叫累。知识的滋养，使他深明大义，爱憎分明。春去春回，时光流逝，王槐清就像一棵山野的小草顽强地生长着。他渐渐明白，穷人要想不受欺侮就要抱成一团，与地主、豪绅、反动派斗争。于是，他与原红三师政委、革命烈士张荣镜之子张贤准，及当地热血青年娄国喜、李昌福、梁道连、闫振铎等人迅速走到了一起，自带八分钱、一碗米组织集会、开展反对地主恶霸、土豪劣绅等活动，并与反动帮会头目胡世雪进行不屈不挠的斗争。为了追求进步，走向光明，他们几次到湖北、安徽等地寻找地下党组织。但由于人地生疏无法联系，没有成功。他们只得回到家乡，等待革命胜利到来的那一天。

二、投身革命洪流

1949 年 5 月 17 日，中国人民解放军以摧枯拉朽之势一举解放了九江。这年，王槐清正好 24 岁，正是青春勃发的年龄。他和张贤准等几个年轻人立即精神高涨，积极商量参加革命之事。

由于解放伊始，国民党反动派顽固势力还未彻底肃清。地方土匪罗其淦、孔繁德依然兴风作浪、猖獗一时。革命形势十分严峻，斗争环境十分恶劣。为了巩固和保卫革命成果，将革命推向深入，1949 年 7 月，解放军某部在魏海骄的带领下来到城门、狮子驻扎下来，并为革命开展征粮工作。当时一些群众因害怕国民党反动派及土匪的反攻倒算和谋杀，许多人犹豫不决，不敢参加和支持征粮工作。王槐清、张贤准、黄显泉等人却不顾生命危险，立即筹备组织了龙岗农民协会，带头协助解放军征粮。一次，他们在牌楼征粮，土匪罗其淦在山头架起机枪，妄图阻挠和抵抗解放军征粮，王槐清他们在解放军的掩护下，勇敢地击退土匪，顺利地完成了征粮任务。

王槐清积极要求进步，加上工作出色，他很快得到组织的信任和赏识。1950 年 5 月 16 日，九江地区第一个基层共青团支部在龙岗成立，王槐清成为第一批加入共青团组织的团员。1950 年 7 月，王槐清又加入了中国共产党。这年 10 月，正是播种油菜的季节，上级组织派来黄殿章，组织王槐清等人正式成立了农民协会，开展第一期土改工作。王槐清任农会主席，张贤准任农会副主席，他们积极组织群众，投入减租退息、剿匪反霸和农村反封建土地改革斗争之中，得到了群众的好评和组织的信任。

如今，年纪稍大一点的人都还清楚地记得，九江县有个老八区，即城门区。那是 1949 年 12 月，中共九江县委设立的，东北人蔡天祥任八区首任区委书记，高云群为区长。老八区辖住岭、陶溪、龙岗、白鹤、灰州、金兰、杨柳、牌楼、花盘、白马、兴联、其林等乡。

由于革命工作的需要，更由于土改工作的艰苦卓绝，1950 年 10 月，王槐清被调到老八区任土改工作队队长。虽然革命潮流声势浩荡，但土改工作困难重重，举步维艰。国民党反动派叫嚣反攻大陆，抗美援朝战争的爆发，以及当地土匪的顽固不化，各种矛盾交织在一起。工作队队员随时都有生命危险，都昌县就有工作队队员被土匪杀害。王槐清他们丝毫不敢懈怠，他们枕戈待旦，总是集体行动，纪律异常严明。

八区蔡天祥书记为人豪爽，有勇有谋。为了迅速发动群众，打开土改局面，一天，他和王槐清商量土改对策，果断地在八区王一我村一举镇压土匪、地主恶霸十九人。此举大大震慑了敌人，轰轰烈烈地推动了土改工作的开展。

王槐清工作积极，勇挑重担。他作风踏实，注重调查研究，加上爱学习钻研，掌握政策能力强。1952 年底，他和洪育旺等同志一起到白马进行土改复查。徐诗稳土改初划为地主，但其势力大，工作组被他打回家，徐因此被划为中农。复查时，王槐清等人毫不畏惧，针锋相对，坚持原则，按照政策将徐诗稳划为地主，群众无不拍手称快。

不放过一个坏人，也不冤枉一个好人。王槐清在雨淋乡土改复查，他发现罗其军被划为反革命证据不足，事实不清，于是立即予以纠正。住岭王宗明本是个穷人，却被错划为地主，王槐清又给他摘掉了帽子。

王槐清生活朴素，平易近人。他在区里待得少，总是一布置完工作就下乡。1950 年大旱，田间缺水。为了寻找水源，组织生产，王槐清腰系长绳，只身一人下到寒气逼人的雨淋白蚁洞中，尽管冷得浑身发抖，但他咬牙挺着。他还亲自下田，帮助群众插秧，始终保持着劳动人民的本色。他由于经常在水里劳作，寒气侵体，以致患上了风湿病。同时，他下乡总是带着粮票，从不白吃白拿，亏欠群众，处处以身作则，甘当表率。1952 年 8 月，年仅 27 岁的他就任八区副书记。1953 年 7 月又担任了八区区委书记。

在当年全县九个区中，老八区的各项工作总是在全县名列前茅。1953 年，粮食统购统销，因抗美援朝，粮食异常紧张。王槐清在八区任务总是完成得最好，被评为全县先进。他在地方干部中也因此被首批提拔为县级干部。1954 年 4 月，他从八区调到县里，任中共九江县委组织部副部长。10 月，任县委组织部部长。

1956 年 5 月 18 日，在中共九江县第一次代表大会上，王槐清当选为县委副书记。

三、忠贞不改爱党心

王槐清担任县委副书记时间比较长。由于为革命操劳过度，积劳成疾，他的身体很快就垮了下来。

1956 年，他的腰椎病又犯了，痛得他直不起腰来。组织上立即安排他到上海去就治。王槐清总怕因病耽误工作，只要病情稍有好转，他就赶紧回来坚持工作，总不愿多休息一天，更不会因病向党组织提出要求。1965 年，他以县委常委的身份，兼任县医院党支部书记，同时休养病情。对组织的照顾和关心，王槐清总是以感激的心去铭记。在上海治病期间，他深感于医生无微不至的关怀。人非草木，孰能无情？每次回来，他都从家里带上一些土特产去感谢医生，这本属人之常情，谁承想，竟被一些别有用心的人加以利用，噩梦从此降临到了他的身上。

1966 年，史无前例的“文化大革命”开始，王槐清遭受政治迫害，竟被诬蔑成“叛徒”“特务”“三反分子”“走资派”。他被赶到医院的楼梯角落里居住，铺天盖地的大字报把门都糊满了。王槐清每天被罚在医院里锄草，打扫卫生。接二连三的批斗、陪斗，接踵而来……在一次批斗中，王槐清凭着对党的忠诚，拒不承认那些“莫须有”的罪名，头发竟被造反派生生地扯落一大把……被造反派用铜头皮带活活抽打……次日，儿子王芳藻正好到县一粮站交售公粮，听到消息后急忙去医院看望父亲王槐清，只见父亲腰痛如钻，躺在床上，拉住一根绷带几次想坐起来都没有成功。看着父亲痛苦的神情，儿子王芳藻眼泪直流。随后赶来的造反派还对王芳藻一阵叱骂。

1969 年下半年，王槐清的冤案终于得到了平反昭雪。他恢复了名誉和工作，被调往县砖瓦厂。

那时，百废待兴，作为砖瓦厂“一把手”的王槐清珍惜这来之不易的工作机会。他名为书记，实为工人。他和工人同甘共苦，打着赤膊参加劳动，拖着板车拉砖坯，不辞艰辛和劳苦。

为了九江县的发展，王槐清是哪里艰苦哪里去，哪里需要哪里去。1971 年，他被调到县机械局担任革委会主任。几个月后，又调到县卫生局任主任。1975 年 6 月，王槐清又来到了县工交局……可以毫不夸张地说，九江县工业的从无到有，有王槐清无私奉献的一份心血和功劳。

四、永远的灯光

曾任老八区区委书记，后担任九江县人民法院院长的洪育旺说：“王槐清工作是表率，政策把握得好。我们工作生活在一起多年，我跟他学到不少知识……”是的，王槐清清正廉洁，严于律己，办事公道，从不把自己视为领导干部，更不会以权谋私。他善于团结人，乐于帮助人。劳动积极，苦活、重活抢着干。在最艰难最困苦的地方总能见到他忙碌的身影。

那年，在城门兴联土改结束，王槐清即将奔赴新的工作岗位，当地一名群众悄悄将一台从地主家没收来的座钟捆入王槐清的背包。王槐清回到家中发现后，立即将座钟送还到农协会。

王槐清虽然身为县委副书记，但对子女要求严格，从不搞特殊化。两个儿子、一个女儿及两个儿媳，他从来没有想过利用职权为他们安排工作。大儿子王芳荣还是在他去世后，受到组织上的照顾，顶替他参加的工作。唯一的女儿还是在他逝世后，打倒江青反革命集团落实政策时，才作为知识青年下放到学校代课。就连妻子李梅香，王槐清生前也没有为她解决城市户口。

鸟要巢，人要屋。那时作为一县组织部部长，王槐清也只能买下两间又小又矮的旧屋栖身，并借住住岭合作社（之后称大队）半间土屋多年。直到1969 年，王槐清平反，补发工资后，他才建起一幢真正属于自己的土木结构平房。

王槐清关心他人，甚于关心自己。1965 年在县医院任支部书记时，穷苦人来医院无钱治病，他总是叫医生先给治病再说，救人要紧……危重病人熊六池、王植炳就是在他的关心下才被从死亡线上抢救回来了……

1974 年，王槐清在卫生局，他心系新塘、长山、新合几万人的就医问题，多次下乡考察。根据需要，派罗福初医生去那里建立起外科，使这一片群众就医有了保障。

1958 年“大跃进”，在城门大炼钢铁，王槐清自己带病工作，日夜奋战。但他非常爱护干部，当时因任务繁重，许多人实在承受不住，他不怕承担责任下命令要大家休息，给人留下了深刻的印象。

王槐清一心扑在工作上，身体力行，讲稿、文件自己动手，从不让秘书代劳。

至今人们仍无法忘记 1975 年 10 月 21 日县工交局办公楼里的灯光。那天正是星期天。上午，他同副局长雷万财一起下乡到城门察看修路情况。他的心脏病发作了，感到有些不舒服，雷万财叫他到南昌去治疗。王槐清说：“我刚来工交局，工作繁忙，走不开身啊……”下午回来时，正好路过他家门口，雷万财说：“你身体不好，就在家休息两天吧！”他说：“不行啊！明天县汽车队要开会。”那天正好是他生日，妻子李梅香特意杀了一只鸡，他在家仅仅逗留了一会儿，便匆匆赶回了工交局。晚上，王槐清又伏案写材料，准备第二天的发言稿。

那时夜已很深很深了，正值县电影院里电影散场。许多人抬头发现全城唯有他房间里的灯光一直明亮着，灿烂着。

第二天早晨，局里人说：“王局长一向早起，怎么今天还没有起床呢？”炊事员说：“别惊醒他，他昨晚写材料，工作到很晚很晚，让他多休息一会儿吧！”谁知他伏在工作岗位上就再也没有醒过来。

得知王槐清不幸去世的消息，县里的老干部们纷纷要求在人民影剧院为他举行隆重的追悼会。那时，由于江青反革命集团还未倒台，造反派极力反对，只准在工交局门前为王槐清举行简单的追悼会。谁知，人民群众得到消息后，纷纷自发来到追悼会现场，人数竟达千余人，一时交通阻塞，万人空巷，沿途鞭炮声不绝，许多人流下了深情的眼泪，送葬队伍长达两华里……

斯人已逝，风范犹存。最后谨录王品科五绝以示纪念：

四岁失家严，儿娘苦海煎。
千难无畏惧，磨炼志弥坚。
长夜盼天明，率民迎大军。
死生存度外，浴弹对枪行。
汗滴千山艳，踪留百卉鲜。
寒窗灯不灭，夜夜写新篇。
十载屈冤深，未移爱党心。
一生何所有？风荡两衣襟。

附记：2008年1月13日，天降瑞雪，正值寒冬。王槐清生前的战友、同事、邻友洪育旺（曾任八区区委书记，九江县人民法院院长）、张贤准（曾任九江县八区副区长、四区土改工作队队长、江西省建设厅定额站负责人）、王植龙、阎振法（抗美援朝后任龙岗村党支部书记）、王植连（原八区妇女干部）及其儿子王芳藻等人不顾寒冷，聚集一堂，回忆了王槐清不平凡的一生。为本文的写作提供了翔实的资料。作者写作本文时参阅了1991年版《中共江西省九江县组织史》（1925—1987），在此一并致谢！

（原载《赣北岷山老区情》）

一位共产党员的执着情怀

——读熊六淼同志的回忆录有感

李桂庚

一场突如其来的新冠疫情夺走了他的生命。熊六淼，我曾经的老领导，亦师亦友。确切地说，他是我的良师益友。2023年1月11日，熊六淼同志因感染新冠病毒离世，噩耗传来，我悲痛不已。

熊六淼同志生于1934年2月，享年89岁。熊六淼同志系九江县（现柴桑区）狮子镇鸡岭村人，1953年入党，在参加工作的43年中，大部分时间在乡级基层担任实职。他吃苦耐劳，真抓实干，在群众中享有较高的声望。他1949年弃学回乡担任龙岗乡儿童团团长、宣传员。1953年至1995年，历任龙岗乡团支部书记、住岭乡党支部书记、党总支副书记、城门大公社团委书记、党委秘书、副主任、沙城区委秘书、岷山垦殖场党委秘书、中共九江县委政策研究员、县委机要秘书、狮子公社党委副书记、革委会主任、马回岭公社革委会副主任、沙河公社党委副书记、九江县农林垦殖局局长、九江县二轻工业局局长、九江县经济委员会主任（副县级），离任前任中国人民政治协商会议九江县第三届委员会副主席兼秘书长。

熊六淼同志

熊六淼同志克己奉公、任劳任怨、干一行、爱一行、成一行，他为人处世的原则和办事风格给我留下了深刻印象。在年届 80 岁时，他写下了一部数万字的回忆录，循着他的足迹，我们看到了一位有着七十余年党龄的老党员的真情告白。我在他身边工作多年，凭着我的所见所闻，我感受到一位老党员的执着情怀。

出身贫寒，少年立志闯乡关

熊六森出身于一户贫苦的农民家庭，父亲长年给地主家打长工或者卖短工，用尽心血维持一家人的生活。因长年积劳过度，父亲患上了慢性疾病，家中无钱医治，最终因病情恶化，殁于 1934 年 7 月，那时熊六森还不到半岁。母亲带着三男两女，艰苦度日，田地是租种地主家的，每年有收无收都要向东家交粮，租种的田有 8 亩，地有 18 亩，可谓负担不轻，母亲带着长子和长女辛苦劳作，艰难地维持着一家人的生计。尽管家庭贫困，他母亲深知供孩子读书的好处，节衣缩食让小儿子熊六森读了七年私塾。熊六森自幼聪明好学，练得一手好字，这为他成人和今后参加工作开辟了一条坦途。

熊六森的外公生有一男一女，舅舅王金旺思想进步，随后参加红军，1930 年在湖北阳新交战中英勇牺牲。解放后，九江县民政局为其颁发了烈士证书，并为烈士修了墓、立了碑。

有着红色基因的熊六森，从小就立下鸿鹄之志：要为穷苦百姓谋福祉。中华人民共和国成立前夕，尚未成年的熊六森跟着本村人，挑着一百斤的石灰上庐山，在弯弯曲曲的山路上汗如雨下。好不容易登上庐山，看到达官贵人纸醉金迷、挥金如土，而穷苦百姓却衣不遮体、食不果腹，14 岁的熊六森暗暗立志，要让穷苦百姓过上好日子。第二年九江解放，工作队推荐他担任儿童团团长。1953 年，他当了龙岗乡不脱产的副乡长和团支部书记，随后当了互助合作社的社长，由此进入乡镇基层干部队伍。

群众利益，时刻牢记在心上

熊六森常说：“金杯银杯不如老百姓的口碑，只有心里装着群众，才能时刻把群众利益放在心上。”他的回忆录中记录了这样几件事。

1966 年，熊六森从县委机关到狮子公社任党委副书记，1968 年狮子公社革委会成立，他担任革委会主任，在调查中他发现，雨淋地区缺水严重，旱灾到来，雨淋及周围的几个大队大片稻田严重减产歉收。在公社党委统一思想后，他和公社、大队干部带领 1700 多名民工兴建雨淋水库，天寒地冻，他们起早摸黑干，晚上灯火通明干到 10 点，干部和农民同吃同住，一样挑土筑坝，几个月都没有回家。春节时，他和留守工地的民工一块儿过年。大干一个秋冬，保质保量地建成雨淋水库，解决了雨淋、青山、牌楼三个大队的数千亩农田用水，粮食生产实现了稳产丰收。雨淋水库现已成为国家 AAA 级旅游景区。

深入基层调研，和干部群众同吃同住同劳动，是熊六淼的工作作风。在马回岭公社任职时，他了解到马头水库的下游开挖渠道的引水工程不到位，近十个大队的农田因缺水而歉收，由于工程量大资金短缺，历届政府都迟迟没有动工。熊六淼到任后，亲自上阵带领干部群众打响了一场开渠引水的人民战争。近万名劳力上阵，在渠边安营扎寨，逢山开路，隔垅堵岔，低洼处建渡槽，广大干群奋战一个冬春，从马头水库至分水岭开出了一条 20 多里长的环山渠道。他们又“藤上结瓜”，修建了一座群英水库，两项工程按时按质竣工，实现了当年建渠当年受益。

在沙河公社蛟滩湖内有一片土地，既不能泄洪又不能排涝，一旦山洪暴发，湖内大片农田被淹，农民劳而无收，熊六淼看在眼里，急在心上，下决心带领群众根治水患。他亲自领队，动员干部群众齐上阵，遇山打隧道，低凹架渡槽，拦湖开河，奋战一个冬天，开挖了一条 7 里长的泄洪排涝的河道，并将外面的堤坝加高加固，从而确保了湖内农田的稳产丰收。

急难险重，身先士卒挑重担

熊六淼能干事，会干事，而且能干成事，这一点在九江县的干部群众中是有口皆碑的。

1970 年至 1971 年，庐山南山登山公路开建，由庐山、都昌、彭泽、湖口、星子、九江县等县集中会战，九江县承担的任务是在悬崖峭壁上炸山开路，全长 4.5 公里，任务十分艰巨。县里任命熊六淼为修路总指挥，组织抽调全县 5000 多名强壮劳力参战，铁、木、篾、泥、石五匠在工地安营，放炮炸山取石铺路，一时间红旗招展，炮声隆隆，仅开山用的炸药就达 50 多吨。在悬崖开山炸石，安全放在第一位，奋战四个月，路面、桥梁、涵洞、护坡等全部工程竣工，没有发生一起安全事故，经省、地验收，确认九江县工程完成的时间、任务、安全、质量等成为全山工程会战第一名。在通车典礼大会上，省领导在主席台上伸出大拇指，赞赏了九江县。

九江县 10 万劳力齐上阵，建设 10 万亩杉木用材林基地的壮举曾轰动全省。1973 年，熊六淼任九江县农林垦殖局局长，他深入调研，带领技术人员跑遍了全县的山头全面勘测，规划蓝图，经中央批准，九江县被列入国家造林计划，全县垦山造林、林场建设、防火道、苗圃、机耕车辆等设备配套全部由国家计划拨款，县农林垦殖局组建了机耕队，成立了科技指导组，造林整地实现全垦，画线抽槽、打洞，兜兜下基肥，做到栽一棵成活一棵。县农垦局在新城镇试点，建立青龙片 4000 亩大面积杉木用材林试验基地，县委在沙河天坡村建立试验林，全县总动员，10 万劳力垦山造林，林业部和省领导一批批来九江县林区参观指导。数年后，林区仅间伐收入和经济林收入就富裕了一方百姓。

危困企业，因厂施策寻良方

1978 年，熊六淼任县二轻工业局局长。二轻工业前身是手工业联合起家，资格老、厂子小、家底薄，财政不投资，全靠自己创收自支，在“一无资金、二无技术力量”的前提下，熊六淼因厂施策，分别治理，依靠自力更生、艰苦奋斗、广开门路，开辟新的生产途径，实现了五年大变样：通过技术改造，由传统手工操作生产单一产品改为机械化一条龙流水生产线，全县新建和改造车间厂房一万多平方米，实现了从原料进厂到成品出厂，全县二轻系统办起了家居、服装、五金、油毡、刨花、钟盒、海绵、针织、席梦思等十多条生产线；瞄准市场空白开发新产品，由自身设计制造的小五金用具、多种型号钟盒、皮革、针织服装、席梦思、刨花板、松木防腐、多型号海绵垫席等投放市场后广受欢迎；引进资金、人才、技术、设备，几年来，仅引进外地投资和职工个人集资，每年就达近百万元，全系统选用懂技术、善管理、会经营的各类人才 200 余人，从国外引进席梦思生产线，从上海、江浙等地采取请进来、派出去和挂钩学习技术等方法，培养了一大批熟练的一线工人。

因企施策，分而治理，通过外引内联、挖潜改造，企业呈现勃勃生机。几年来，全县改造了六个老厂，兴办了六个新厂，投产后生产经营蒸蒸日上，税利年年递增，二轻系统进入蓬勃发展的全盛时期。全系统每年还增员 100 ~ 200 人，大批青年工人进厂，改善了队伍结构，提高了生产力，缓解了就业压力。

重视人才，放手起用“小字辈”

创新是企业发展的源泉，人才是企业兴旺之根基。1984年，熊六森调任县经济委员会主任，县经委的前身是撤销工业局、机械局、二轻局和小经委四个局委合并的大经委，升为副县级单位。在市场经济的冲击下，县办工业普遍不景气，有的面临倒闭的风险，如何破局？熊六森从尊重知识、尊重人才入手，大胆起用“小字辈”，让学有专长的科技人才担任企业的领军人物。县味精厂因规模小、生产成本高，处于亏损状态。在调整班子中，熊六森起用一位化工专业的大学生任厂长，上任后，他带领干部职工自力更生大搞技术改造，扩大生产规模，带领企业走出困境，由亏损转为盈利，年上交利润120多万元。开发城门乡铁门坎金矿，一无资金，二无设备，县里起用一位冶金专业的大学生任矿长，他带领全矿职工自力更生，白手起家，改造提升设备，一年后向县财政上交黄金千余两，还吸纳了320名工人就业，在县城新建了办公楼和职工宿舍。县属的砖瓦、造纸、纺织、印刷、油泵、制杆等企业起用有文化、有技术、有知识的人当厂长，他们带领工人狠抓企业内部挖潜改造，强化科学管理，实现了“国营工厂不亏损，国营厂家不关闭，国营工人不下岗”的目标，企业逐步恢复生机，走上了良性发展的轨道。

“用人不疑，疑人不用”是熊六森用人的原则。他对年轻干部放手放心，在这方面我有切身体会。1978年，我所在的社队企业管理局并入二轻局，当年底召开全县二轻系统职工大会，需要采写一批企业先进典型，熊六森把这个任务交给我，那时我才三十出头，我白天下厂采访，晚上写稿，半个月时间写出了21篇典型事迹材料在会上交流，获得了与会同志的好评，有的稿件还被省电台采用。我一战成名，之后参加县三级干部会材料组，参与起草大会报告和编写先进典型材料。1980年，我被组织任命为县政府秘书。1982年5月，调入九江日报社，开启了我长达25年的记者生涯，我先后任报社社委委员、副社长、总编辑。回首往事，熊六森是我的“伯乐”，是我的恩师。

1984年，我先后多次到九江县水泥厂采访。这家企业在短短几年间发生了翻天覆地的变化，水泥产量由原来年产2000吨增至8万吨，水泥合格率由原来的50%上升到100%，经济效益由原来的亏损98万元到年盈利400多万元，究其原因是该厂尊重知识、起用人才，提拔合肥工业大学毕业的一名大学生担任副厂长，主持全厂的技术改造工作；还大胆起用一批懂技术、会管理、善经营的技术人才，将他们安排到各个部门挑重担。1984年6月14日，《江西日报》以《九江县水泥厂厂长李荣淦治厂有方，识才用才育才，企业发了大财》为题，将我采写的消息刊发在头版头条，并配发编读漫议：《说求才若渴》。当年9月8日《江西日报》又将我采写的《选准苗子，先搭梯子，再压担子，九江县水泥厂大胆起用“小字辈”》，刊发在头版头条，并配编读漫议：《为“小字辈”说几句话》。在短短三个月内，《江西日报》为九江县水泥厂连续刊登两个头版头条，在社会引起了轰动，九江县水泥厂被列为全省技术改造先进单位，厂长李荣淦被授予全省“五一劳动奖章”。这是九江县办工业“尊重知识、尊重人才”结出的又一硕果。

读罢回忆录，我掩卷沉思：一个人的生命是有限的，但为人民服务的精神是无限的，回忆录诠释了一位老共产党员“不忘初心、牢记使命”、坚定执着为人民谋福祉的炽热情怀。

谨以此文悼念为九江县经济发展做出贡献的熊六森同志！

（此文原载2023年5月25日《九江日报》7版烟水亭文学版、5月26日《浔阳晚报》文化周刊首卷）

永久的怀念

——写给烈士哥哥刘远淦的一封信

刘远银

可亲可爱的哥哥：

我们想您了！

当提笔给您写这封信时，我已泪流满面了。

往事历历在目，回忆触手可及，我们和您仿佛就在昨天。

您二十岁那年，积极响应祖国号召，穿上军装，去了祖国的边防，现在我依然记得当时您穿着绿色军装英姿威武、精神焕发的样子，我们全家都因为你成为一名中国人民解放军而光荣和骄傲。您在部队那几年都是我代表全家人和您用书信交流，知道您在部队努力学习军事文化，刻苦练就军事本领，严格遵守军队纪律，是一名合格的中国军人。

1979 年，中国边疆的和平、安定和人民的生命财产受到严重威胁，您义无反顾地遵照中央军委命令，和无数中国军人对侵犯中国领土的越南军队进行自卫反击作战，在战场上您无畏无惧，英勇杀敌，可恶的敌人炮弹却夺走了您年轻的生命，让你血洒疆场。

当我们得知这一噩耗时，全家人悲痛万分，特别是爸妈失去了您，尤如山崩地裂，整天以泪洗面，仿佛整个世界都失去了色彩，只留下无尽的思念和悲伤。乡政府为您召开了隆重的追悼会，并代表国家给您颁发了三等军功章，乡亲们都前来缅怀您，悼念您。各级党组织和政府给予我们家无限的关怀，每个月给父母发放抚恤金，过年过节都会来家里嘘寒问暖，让我们体会到烈属的荣耀。

岁月匆匆如流水，时间过得真快，转眼间您离开我们已四十多年了，我和姐妹们时常想起您，也未曾停止过对您的怀念。我们多次去您的墓地看望和祭拜您，寄托我们的相思。您的多位南宁战友每年清明节都会去祭奠您，缅怀你们的战友情。爸妈因您的离去受打击太大，身体一直不太好，我一直没在二老身边生活，较少孝敬他们。早些时都是他们两老相互照顾，后来更多的是姐妹们在照顾他们的生活。总的来说，他们过得还算称心吧，爸妈前些年相继都去世了。

哥，我在家里盖了新房，退休后我会生活在那儿，那儿也是您的家，您的亲侄子、侄孙子都生活在武汉，一小家子过得很好，虽然他们未曾见过您，但我时常和他们提及您，让他们知道他们有一位值得尊敬、值得骄傲的烈士大伯、大伯爷。我们的子子孙孙都会记住您。

哥，自党的十一届三中全会以来，我国国民经济保持健康快速发展，现代化建设事业稳步推进，综合国力和国际竞争力显著提高，人民生活大为改善，实现了从温饱不足到总体小康并向全面小康迈进的历史性跨越。现在家乡变化可大啦，九江县已易名为九江市柴桑区，区经济发展势头强劲，2022 年全区国民生产总值达 200 多亿元，实现财政总收入达 20 多亿元。政府大力推行绿色发展和可持续发展理念，环境治理效果明显。城区内高楼林立，交通四通八达，高速公路、高铁直通全国各地。我们家门口的沙子路早已换成了宽阔的水泥路，处处都是青山绿水，家家都盖起了小洋房、开着小汽车，老百姓的日子过得好着呢！

哥，您一定想知道我们国家的国防建设情况吧。自从进入新世纪后，我国的海军事业发展一路向上攀升，势不可挡，如今不仅有了三艘大航母，还坐拥八艘 055 型驱逐舰、三艘 075 型两栖攻击舰，整体海军实力十分强大；在空军方面，歼 20 已达世界领先水平；现代化的陆军装备更加先进，战斗力更强；还有我国火箭军的崛起，使得我国能够在世界舞台拥有更多的话语权，中国的国际地位显著提高，赢得了世人的尊重。

哥，今天的信就写到这里，千言万语道不尽我对您的思念！

春寒绿柳着地垂，杨花暗语任风吹。
无悔热血洒疆场，为我中华立丰碑。

安息吧！！！

弟远银书于癸卯年十二月

细雨润物泽狮子

——回忆恩师黄家兴校长

施元华

黄家兴校长青年照

黄家兴同志（1931.4.11—1990.4.3），是原狮子住岭小学（完小）和狮子中学第一任校长。无论是在交通便利的住岭校区还是后来到相对闭塞的白羊垄校区任职，他对狮子教育事业都投入了极大的热情，花费了大量心血。

黄校长1956年毕业于九江师范，先在本县杨柳小学任教导主任，又到岷山小学当校长。他于1959年调到狮子担任住岭小学校长，参与创办狮子第一所完小；1967年又任狮子中学校长，直到1985年退居二线，在狮子工作近三十年，把美好的青春都贡献给了狮子的教育事业。

1978年8月底，我离开原单位去狮子中学报到，有幸成为黄家兴校长手下的一员。回想几年前，我在这里读高中时，他就是我们的校长，只不过那时我是学生，有点怕他。现在我们成了同事，每天工作、生活在一起，我才开始慢慢了解他为人处世的原则。初接触，黄校长让人感到很严厉；时间久了，你就会明白他有一颗婆婆妈妈的心。有时，他爽朗的笑声会让人受到感染，你在他面前就一点也不拘束，我们就像朋友似的亲切交往，没有上下级之间的那种尊卑之分，也不需要刻意装出什么姿态来。如今数十年过去了，我时常回忆起他那可亲可敬的音容笑貌。

黄校长治学严谨。要求教师认真备课上课，批改作业，对学生的学习情况要做到心中有数，不可马虎过关，更不能敷衍了事。我进中学的起初几年，学校既有初中，又有高中，每届十几个班，有六七百名学生。当时的教师，绝大多数只有中师学历，而且师资力量不足，还有部分民办教师和代课教师。每次开会，除了学习政治，黄校长还特别强调：老师们要多多钻研业务。要给学生一滴水，老师就不能只有半桶水，要做到有一桶水。怎么办？就要熟悉课本，不放过一个难点。不懂的地方，大家多讨论。有的青年教师，在备课时，有些问题本校解决不了，他就鼓励他们去县城请教，并说："只要是有利于提高教学质量，在不影响上课的前提下来请假，我一律开绿灯放行。"在关爱学生这方面，黄校长做得非常出色。可以说，他把学生都看作自己的孩子。那时我们的学校，校址在一处山坡上，教室都是红砖平房，屋顶上盖着瓦片，夏天热，冬天冷。特别是在强冷空气来临或冰天雪地时，刺骨的寒风像刀子似的从瓦缝里钻进来，教室里冷得像冰窖。有一年期末考试时，地上的积雪差不多有半尺厚，气温很低，路上的冰两天没化。走进教室，老师和学生都冷得哆哆嗦嗦，十分难受。有老师提出，能不能把炭火盆带进教室？黄校长思考片刻，立即下达口头通知，让每个监考教师都带足木炭，把火盆端进教室，允许学生在需要时，过来烤烤手，暖暖身体。

记得那时有几位学生，从初中到高中，一直学习刻苦，成绩非常优秀，但有的父母体弱多病，有的家庭人口多、劳力少，他们家里经济条件很困难，读高二时，连不到十元钱的书费、学费都交不起，面临辍学困境。黄校长了解到这些情况后，在会上动情地对全体教师说："这样优秀的学生，如果在我们手上因贫困不能上学，我们简直不配做老师"。黄校长和班主任专程到这几位学生家里，告诉他们，你们读书不仅不需要交书学费，连伙食费学校也全免。这几位学生不负众望，后来分别考取了省内外非常好的大学。

正因为学校有好的教风和学风，那些年有不少优秀学生陆续考取大学或中专。这些人基础扎实，功底深厚，后来有的成为大学教授，有的当了博士生导师，有的成为行业专门人才，有的走上领导岗位。

狮子中学成立之后，黄家兴同志既当校长，还担任党支部书记。除了重点抓教学工作，他还要关心教师们的成长。比如狮子中学初建时，缺少教师。上级也很少有新教师分来。黄校长求贤若渴，只要听说有人出色，经过考察后，就调入学校代课，有机会就派到外面学习、进修，使之担当重任。那几年，有一批年轻人或通过考察录用，或从小学调入，为中学教育贡献力量。到现在，有不少曾在狮子中学工作过的同志还清楚地记得，当年在狮子中学任教时，黄校长经常找他们谈心，鼓励他们不仅要认真工作，还要严格要求自己，积极向党组织靠拢。一旦条件成熟，学校就会发展他们入党，担任各种行政职务。经过锻炼，这些年轻教师便较快地成长起来。上级若有需要，黄校长便会积极推荐。光在中学的那些年，经他推荐调动的教师，前后大约有十几位之多。他们分别进入政府、公安等其他队伍，还有的在本系统被提拔重用。

从多方面关心教师生活，也是黄校长日常工作的一个重点。那时教师工资不高，手中基本没有余钱或余款很少。补贴家用后，有时没有零花钱，甚至连吃饭都成了问题，只得打白条向学校借，5 元、10 元不等。每次去找黄校长批条，问明情况后，他就及时批上“同意借款”几个字，好让借款人去找出纳拿钱。偶尔出纳嘀咕：“学校也快揭不开锅了……”黄校长听到就会说：“学校就是老师的靠山，不是实在没有办法，哪个会丢下脸面找学校借钱。再说人家下个月发工资就会还回来。瘦死的骆驼比马大，学校比老师个人能撑”。

我刚进中学头几年，全校有三十多个教师，上下班全靠走路，路太远就坐公共汽车，没人有任何交通工具。学校倒是有一辆“凤凰”牌自行车，是用分来的“指标”买的。黄校长去县城开会、办事，就骑自行车来回。有人开玩笑说，这是黄校长的“专车”。其实，“专车”并不专，会骑自行车的老师，哪个没用这辆“专车”外出过。有一回，我家里有急事等着要办，我看自行车停在学校，就去找黄校长，说了原因。他把钥匙放到我手中，还不忘补一句：“骑慢点，莫着急，注意安全！”后来还有几次去借车，他都把钥匙给我，又是一番叮嘱……

还是在那会儿，黄校长看到教师花钱地方不少，并且大家理发要去小镇或县城里，路程有点远，不方便。他便叫会计以学校的名义买了一套理发工具，正好有几位熟手充当理发师，大家乐得节省时间和金钱，又熟练了“手艺”。

要抓好教学工作，重点在教师。学校除了派人出去短期进修、培训以外，黄校长还十分重视所有教师业务水平的提高。因此，学校尽管经费不宽裕，订的报刊还真不少。光报纸就订有《人民日报》《江西日报》《光明日报》《文汇报》《解放日报》《中国青年报》《参考消息》等。他指派专人负责，每天新报送来后及时上架，放在会议室供大家翻阅。除此之外，学校还长年订阅多种专业刊物：《中学语文教学参考》《中学政治教学》《中学数学教学》《中学化学教学》《中学物理教学》……每科都有一份。黄校长说：“当老师就要知晓国内外大事，专业要精通。否则，你都不知道怎么教好学生”。

黄家兴校长一生勤劳肯干，为人正直，生活简朴。1976 年，狮子中学要从住岭镇上搬迁到白羊垄，当时那里还是一片荒山和坡地。初建校时，黄校长带领部分教师和上劳动课的学生，到现场平整土地，挖地基，搬砖块……他亲自带头劳动，以身作则，带领师生做了许多前期工作。1977 年 9 月，新校区顺利开始招生。

20 世纪 80 年代中期，国家计划生育政策比较严格。每遇学校教师有家属结扎，黄校长都会用自己的钱买礼物，登门慰问。有一年就连续慰问了几位教师家属。他后来对妻子说："这个月工资要紧点用，莫乱花，尽量不要超支。"

他生前穿过的最好衣服：一件黑呢子上衣，还有一件蓝色的涤卡中山装，都是开会、学习时才穿的。他去世后，家里不但没有一分钱存款，还欠了几千元外债。在他的追悼会上，县内城乡学校、其他机关单位，还有个人送的花圈，多达 126 个。

行文至此，我情不自禁地想起了原九江县公安局政委张才火同志的一首诗：

耕耘杏坛几十年，教书育人业绩彰。
园丁培苗声名播，桃李满园竞芬芳。
恩师先导奠基石，英才辈出遍城乡。
年华奉献呕心血，天堂乐见家盛昌。

这首诗歌《忆姐夫黄家兴》，赞颂了黄校长教书育人，桃李满天下；甘当人梯，乐于奉献的精神。黄校长不是狮子人，却把狮子当作桑梓地，一心扑在狮子的教育事业上，这就是一位共产党员的情怀。几十年间，黄家兴校长为狮子的教育事业贡献了自己的全部力量，做出了巨大努力。他在狮子的大地上留下了深深的印迹。我想，他培育出来的桃李满天下的学生，他甘当人梯输送到各行各业的事业有成的弟子，乃至许许多多狮子人民，也一定跟我一样，铭记他的恩泽，是永远不会忘记他的！

我的引路人：陈新杠老校长

熊六扬

2021 年 7 月 17 日，惊悉敬爱的陈新杠老校长不幸病逝，我深感悲痛。晚上，我躺在床上久久不能入睡，脑海里浮现出在龙岗中心小学任教的三个春夏秋冬，那是令人难忘的三载，那是青春勃发的三载，那是在陈校长引领下风生水起的三载！

陈新杠校长晚年照

1971 年初，18 岁的我来到原九江县狮子公社龙岗小学（后升级为龙岗中心学校）担任民办教师。我 1966 年小学毕业，因某种原因，后进入公社农业中学就读。1969 年底回乡务农，1970 年夏参加原九江地区组织的地、县、公社三级“农业学大寨工作组”。严格地说，我只有小学毕业文化程度。就是这样文化程度的我，两年后竟然当上了学校的业务负责人（“文化大革命”期间的特称，即后来的教导主任）。试想，如果没有陈校长的引领，没有他的培养和教育，那便是天方夜谭。

老校长坚持以老带新。当年我们学校有从省城和县城“下放”来的熊霖珍与吴菊莲两位富有教学经验的女老师。老校长便经常组织校内的教学观摩，让我们年轻教师“借力”前行。之后不久，我参加了由公社组织的公开教学，讲授课文《李时珍》“一炮打响”。以至于我应征入伍后的第一年，在原第十三军炮兵团参加的全团理论骨干学习交流大会上发言，一举夺“冠”。他们都是照着稿子念，我是脱稿讲。时任团政治处主任李利华在会议总结讲话时说：“我看，今天的发言还是小熊讲得最好。”

现在回想起来，这与在学校的“公开教学”等磨炼有着直接关联。

老校长言传身教，并经常给我们压担子。由于当年学校的人力所限，在他的指导下，我一人筹办了学校的阶级教育展览馆，一人负责学校墙报的编辑、抄写工作，一人负责编辑、印刷《农村儿童课外读本》，此举受到当时县教育组的高度评价。暑假期间，我还负责当时龙岗大队《双抢快报》的编写工作，稿件、编辑、印刷一肩挑。1973 年夏，我荣幸地参加了全县教师代表大会。正是这些特殊的经历，让当时在龙岗大队蹲点的九江军分区首长和当年在九江接兵的首长了解了我，我才有幸走进人民解放军这所大学校。

老校长与我们同甘共苦。农村小学条件较差，校长与我和另一位教师同住一个宿舍。尽管如此，校长还千方百计地给我们教师改善物质文化生活，经常来点海带烧肉，打个牙祭。记忆最深的还是老校长带领我们冒雨到县城观看影片《卖花姑娘》。

老校长德高望重。他对上不卑不亢，对下关爱有加。在他的引领下，当时的学校真是蒸蒸日上，人才辈出。学校先后有三位老师考上大学，一人成为光荣的人民解放军。这在当年的农村小学是极其罕见的。

老校长是我的引路人，是我人生中的“贵人”。老校长精神不朽！老校长永远活在我们心中！

童年时代为国奉献的回忆

熊再平

2023 年 1 月，父亲因新冠病毒感染离世。我对父亲的书信、书籍资料进行整理时发现了 1968 年 9 月 17 日狮子人民公社献忠物资统计表，这勾起了我童年的回忆。那时，狮子公社人民献忠、跳忠字舞的场景立刻浮现在我的眼前。当时国民经济尚处于困难时期，上级号召人民献忠，支援国家“三线”建设。狮子人民公社党委和革委会（现柴桑区狮子街道办事处），全力动员全公社人民群众积极响应号召，举全社之力，家家户户掏出家底；把金银首饰、生猪、牛羊、粮食等物资捐献给国家。

记得当时我五岁，颈上戴着一个银颈箍，它是我出生时外婆送给我的。母亲要从我颈上取走银颈箍献忠，捐献给国家，支援社会主义建设。我哭着闹着不同意，不让母亲取走我的心爱之物。母亲摸着我的头说：“平儿，国家目前还很困难，需要捐献出来，每家每户都要捐献一份力量，支援国家建设。等今后国家富裕了，妈妈有钱了，再帮你买更好的。”就这样母亲取下我心爱的银颈箍，捐献了出去。

鸡岭大队第四生产队社员熊六本，是我的大伯，曾参加抗日战争、解放战争、抗美援朝，他们老两口把辛辛苦苦养的一头近三百斤的肉猪作为捐献物资，献给了国家。大妈舍不得，直流眼泪，大伯说：“战争年代共产党打胜仗，靠的就是全国人民支援前线。现在国家遇到困难，也需要人民群众支持献忠物资，建设社会主义国家。”

红军张荣镜烈士的儿子、龙岗大队第十五生产队张贤准，把自己买的一双新皮鞋，做献忠物资无私地捐献出来，体现了九江县狮子人民公社群众和全国人民一样，在国家遇到困难时期慷慨解囊、无私奉献的革命精神。

当时，狮子人民公社办公地点还是现在原址，是一幢二层砖木结构四合院式建筑。房屋坐西向东，办公楼中间是天井，四周是走廊通往各个办公室。进大门大厅内圆门通往天井。那时我五岁，有记忆力，看见一担大谷箩里装满琳琅满目、金灿灿、亮晶晶的金银首饰等物品放在大厅内。我非常好奇，觉得好玩，匍匐在箩边，用手在箩里翻找好奇的金银饰品玩耍。记得当时管理这些物资的是公社青年干部陈桃水同志，他负责点数登记。回忆起这件往事，我激动不已，现从献忠物资统计表里看见了当时狮子公社人民爱党、爱国的无私奉献精神。

1968 年，狮子人民公社共有 11 个大队（现村委会）139 个生产队（现村民小组）2746 户。他们把自己家里最值钱的物资捐献给国家搞社会主义基本建设。捐献的物资有金丝、白银、玉石、生猪、耕牛、羊、鸡、鸭、稻谷、棉籽、箬草籽、菜籽、布鞋、皮鞋、石灰、瓦等。物资如下：

其中捐献金丝：青山大队 2 对、雨淋大队 22 对、牌楼大队 14 对、三桥大队 11.5 对、煤山大队 3 对、黄金大队 4.5 对、鸡岭大队 2 对、住岭大队 4 对、龙岗大队 6.5 对、蔡桥大队 4 对，10 个大队共捐献金丝 73.5 对。

捐献白银：青山大队 10.05 斤、雨淋大队 43.1 斤、牌楼大队 57 斤、三桥大队 31.75 斤、煤山大队 24.2 斤、朗山大队 22.5 斤、黄金大队 22.95 斤、鸡岭大队 32.8 斤、住岭大队 36.95 斤、龙岗大队 27.35 斤、蔡桥大队 9.7 斤，11 个大队共捐献白银 318.35 斤。

捐献玉石：三桥大队 1 块。

捐献生猪：牌楼大队 6 头、鸡岭大队 1 头、龙岗大队 15 头、蔡桥大队 2 头，4 个大队共捐献生猪 24 头。

捐献耕牛：青山大队 5 头、牌楼大队 6 头、煤山大队 1 头、朗山大队 2 头、黄金大队 3 头、鸡岭大队 4 头、住岭大队 5 头、龙岗大队 4 头、蔡桥大队 1 头，9 个大队共捐献耕牛 31 头。

捐献山羊：黄金大队 1 头。

捐献蛋鸡：龙岗大队 30 只、煤山大队 4 只，2 个大队共捐献蛋鸡 34 只。

捐献鸭：龙岗大队 1 只。

捐献稻谷：三桥大队 1000 斤。

捐献苎麻：龙岗大队 300 斤。

捐献籽棉：煤山大队 30 斤、黄金大队 16.1 斤、龙岗大队 600 斤，3 个大队共捐献籽棉 646.1 斤。

捐献箬草籽：煤山大队 50 斤。

捐献菜籽：蔡桥大队 190 斤。

捐献布鞋：牌楼大队 2 双。

捐献皮鞋：龙岗大队 1 双。

捐献石灰：龙岗大队 1000 斤。

捐献瓦：龙岗大队 1000 块。

解放战争时期、抗美援朝时期，全国人民无私地支前，涌现了一大批支前模范。在社会主义国家遇到困难时期，狮子人民把家里值钱的物品捐献出来，无偿交给国家。献忠反映了狮子人民为国家无私奉献的精神。

（原载于 2023 年 12 月 16 日《浔阳晚报》，选入时有修改）

我为教学奉献青春

孔祥群

我，孔祥群，1955年2月出生在狮子镇蔡桥村熊家下湾的一个农民家庭，因为父母吃尽了不识字的苦头，所以我从小就告诫自己，认真读书，立志回报社会。

家乡环境优美，督促好学上进

我的村庄前面是一条小溪，人们在小溪两岸栽了一排垂柳，夏天绿树成荫。后面是一座小山，山上长着巍然挺拔的樟树，整个村庄称得上山清水秀、景色优美。但由于村里文化人很少，生产生活条件落后，待我读书时，父母就告诫我，要好好读书，要改变家乡的落后面貌，所以从小学至初中，我就立志要刻苦学习，好学上进。在这段学习过程中，我成绩优秀，并任所在班班长。1970年5月，因品学兼优，我加入了中国共产主义青年团。1973年，我考入九江县五七中学（现九江县一中）就读，担任班级团小组长。1974年高中毕业后，我理所当然地回到出生之地参加生产队劳动。半年后，由于德才出众，吃苦耐劳，由村委会提名，我被推荐为村团支部委员兼七小组团小组长，白天一起参加生产，晚上组织全体青年学习时事政治，开展有益的文化娱乐活动，帮助农村青年学习文化，提高他们的素质；成立青年突击队，重事难事勇于上前。吸收大批青年加入共青团组织，为农村建设出力。在全村各项工作的评比中，我多次荣获“先进集体”和“先进个人”的光荣称号，得到了群众的好评。1975年8月，由蔡桥村组织，狮子中学出试题，进行选拔民办教师考核，我以优秀的成绩被录取，从此荣登三尺讲台，步入教师的阵营，9月正式到校任教。

深入钻研教材，提高教学质量

担任教师后，我立志要将自己所学知识服务于社会，奉献给家乡人民。我边教书边学习，不辜负村里百姓的期望，所带班级年年成绩优秀。1975 年 9 月，学校教导处分配我担任五年级毕业班数学和二年级语文两门主课，并且担任五年级班主任工作。由于年轻力壮，精力充沛，我采取的方法是：1. 认真学习《教学大纲》；2. 深入学习教材的基本内容和理解教学参考书的说明；3. 认真钻研教材，分析教材中的重点和难点，逐一击破；4. 提高学生的口算和笔算能力，使学生在计算中又快又准确；5. 在解答应用题过程中，为了提高学生的分析能力，了解数量之间关系，先找出应用题中的已知条件和要求的问题，运用分析法去帮助学生理解，解答每道应用题时，先要求学生画出分析图，采取的方法是：多措并举，结合实际的例子加深学生的理解。在教学的过程中，采取抓两头、带中间的方式，这样能使成绩好的学生不厌烦，成绩差的学生不丧气。

对全班学生按成绩搭配成立竞赛小组，谁也不甘落后。特别是七九级和八零级两届毕业生使用的课本是省编教材，难度较大，应用题的种类较多，我每天都苦心钻研教材，多举些同类的例题，设计解题的方法，举一反三，触类旁通。1979 年上半年，由中学举行全镇小学毕业班数学竞赛，各校抽四名优秀学生参加，我校洪化雨和蔡锦秀两名学生以满分的成绩载誉而归，吴艳红和刘安枝两位同学分别取得 94 分和 93 分，也不落后，以总分 387 分的成绩荣获全镇毕业班数学竞赛总分第一名，受到中学和村部表扬。本学期结束，我被评为先进工作者。由于学校师资水平不平衡，任教毕业班数学三十余年，八零级毕业班数学在全镇统考中名列第一，学生全部被中学录取（当时有一科不及格者不予录取），未录取的学生都是因为数学拉分掉队。从这学期起，我被提拔为小学教导主任，并被评为优秀教师。

加强文化学习，增加自身素养

学习如同逆水行舟，不进则退。坚持理论和业务知识的学习，是提高自身政治信念、思想素质、工作能力的基本途径之一，也是适应新时期的要求，更是加强知识、更新知识的需求。我坚持每周两天的政治学习和四天的业务学习。政治学习内容包含时事、政治、法律法规和党的基本路线、方针、政策及党的重要文献，个人多次被评为师德师风先进工作者；业务学习内容包括教学理论和文化基础知识，不断提高自身的思想素质和文化水平。

有压力才有动力。为了教学和学习双不误，1984 年 1 月，各乡镇中心小学抽两名优秀教导主任，脱产三个月参与九江县进修学校举办的教导主任培训班。通过考核，我以优秀的成绩取得了合格证书，受到中心小学领导的赞扬。1985 年 7 月至 1986 年 7 月，通过培训考核，我取得了九江市教育局颁发的江西省中小学骨干教师培训合格证书。1992 年，通过“三沟通”函授和自学考试，我取得了九江师范学校颁发的毕业证书。1997 年 8 月，由九江县人事局和教育局组织的民师选招考试，我以全县总分第二名的优秀成绩转为公办教师。只有刻苦学习，才能提高个人素质和修养，2002 年我晋升为小学高级教师。这一切业绩都是勤奋学习的结果。

坚持以德育人，培养建设人才

随着社会的发展、科学的进步、人才的需要，文化知识在一个国家显得越来越重要。一个国家，一个民族，科学技术落后，必然受到外来势力的欺负和凌辱。解放之前，我国由于落后，曾受过“八国联军”的侵略。抗战时期，日本侵略者又在我国实行“三光”政策（即烧光、杀光、抢光），人民过着痛不欲生的生活。中华人民共和国成立之后，人民在毛泽东主席的领导下，当家做主，改变了贫穷落后的面貌，尤其是习总书记运筹帷幄，从严治党，使我国发生了翻天覆地的变化。我国人民通过七十多年的努力奋斗，已把我国建成具有中国特色的社会主义国家，国富民强。少年强则国昌盛，我们发展经济建设，只有认真培养学生学习文化知识，掌握知识技能，培养出优秀的人才，才能促进我国高科技的发展。但是有了科技基础还不行，还要有民族观念和爱国主义精神，更要有报国之心，那就必须从小对祖国的后代进行爱国主义教育，使他们热爱自己的国家，建设好自己美好的家园。我采取的做法是：1. 对学生进行思想品德教育，培养学生有高尚的道德情操。2. 从小培养爱党、爱国、爱社会、爱人民的思想，拾金不昧，不爱小利；以雷锋叔叔为榜样，多做对人民有益之事、不做坏事，做一名懂礼貌、讲文明的诚实孩子。3. 教育学生认真学习文化基础知识，利用所学的知识服务社会，报效祖国。现在我的学生已走向社会，奔赴在各条战线上建设我们伟大的祖国，奉智出力。我校毕业生中有二十多名师大毕业生从事教学工作，已成为辛勤的园丁；有十多位医大毕业生，成为白衣天使，正在为医疗卫生工作做贡献；有几位毕业生应征入伍，正在守卫着祖国的边疆；还有十多名大学毕业生，已走上领导岗位。其中刘安炉同学现任九江市委党校副校长，桂训棋同学任八里湖街道主任等，他们甘做人民的公仆。尤其是两名在外国留学的学生，已取得博士学位。桂宏胜同学在美国深造，熊程同学赴日本留学，他们都有爱国之心，纷纷回国，正在参加高科技建设之中。

我从事教育教学工作四十余年，由于工作踏实，2006 年任蔡桥小学校长。由于教育体制改革和大部分乡村学生入城就读，导致农村生源贫乏，组织上调我先后赴三桥小学任教，并担任业务副校长，再转龙岗小学任教，任安全副校长兼总务之职。在七八十年代受家庭社会关系的影响，我于 2009 年才加入中国共产党，成为一名正式党员，加入组织后我更加以高标准、严要求对待自己。2015 年，我光荣退休，由于领导的信任，我又被返聘在住岭小学工作一年，后又在龙岗小学任教两年，在教学中认真负责，工作中兢兢业业。在全镇二年级语文抽考中，龙岗小学荣获全镇小学第一名，我深受中心小学领导的赞扬和家长的认可。我的一生为教育事业默默耕耘，与平凡的教育事业结下了不解之缘，为哺育桃李，奉献绵薄之力。

怀念一条河

施元华

三十八年前，我曾写过一篇散文，刊登在报纸上。在文中，我用笔勾勒出这条河的一些美丽景色，来衬托人心之真、人情之善、人性之美。但那篇文章很短，根本容不下小河在我心中的长度。

这是我儿时的河，也是我非常喜爱的河，更是一条我永远不会忘记的河。小河不宽！一般也就是几米到十几米左右，有堰的地方另当别论。小河也不长，弯弯曲曲的，大概十几里地吧，那水最后流进清澈的湖里，直到汇入滚滚长江。按说，这么一条又小又短的河流，有什么可写的呢？还别说，只因小河上游连着一座大水库——朗山水库，真的有些故事，有不少情趣呢！

朗山水库是20世纪50年代开始兴建的。往后，大坝年年加宽加高。每年秋收冬种基本完成后，人民政府一声号令，几百上千人的队伍就齐集在工地，开始为期二十天或一个月的会战。这里，红旗飞扬，喇叭歌唱；人们排成长队，搬山筑坝，气氛紧张有序而又欢快热烈。当时工地上有一句口号：抢晴天，战阴天，濛濛细雨当好天。以此来激励会战大军。这句口号流行了好多年，今天想起来，当年那战天斗地的英雄气概多么鼓舞人心！工地劳动，带有突击性质，限期完成，因此被称为“大会战”，劳动强度大，纪律严明，能考验人的意志。有不少人表现突出，成为表率，在“火线”入团入党。年复一年地修筑，朗山水库大坝变得巍峨、宽阔、牢固。它的清泉流过黄金、鸡岭、住岭、龙岗、蔡桥等地，哺育着沿河两岸的庄稼和人民，成为小河的母亲。作为子女的小河，在母亲的滋润和呵护下，变得成熟、丰满、坚强起来。

每年惊蛰前后，河两岸、堰塘边的垂柳枝头，凸起些微小黄米粒，过些天，黄米粒变成绿芽苞。一夜微风细雨，柳条上些许嫩叶吐出来，转身工夫，就成了绿色的掸子，仿佛要梳理春风似的，在不停地摇摆，抖落一身细密的绒毛……千百棵柳树举起嫩绿的刷子，左一刷，右一划，原野上的红花绿草便笑得脸庞上仿佛抹了胭脂，一片淡红颜色；紫云英更加碧绿，向上蹿得老高，不停地挥手致意；那些盛开的油菜花间，阵阵清香随微风送入人的五脏六腑；蜜蜂“嗡嗡”飞来飞去，在金色的海洋中采花酿蜜。天空时而晴朗，绣几朵白云点缀，有时阴雨连绵，牧童头戴斗笠，或身披雨衣，牵着牛，放牧在田埂上。轻烟似的薄雾弥漫着，万物祥和宁静。

小河里的水，比先前多起来，清亮亮的，缓缓流淌着，唱着迎春的歌谣。天，渐渐暖和了。夏天来到，气温升高，小河热闹无比。水中各种动植物快乐生长，生机盎然。那种生活在水的上层的各种小鱼儿，我们统称“刨花鱼”。草鱼、鲫鱼、鲶鱼、乌鱼等，一般看不到踪迹，出来活动时，它们都是藏在叶底草间。还有河蚌，生活在水底，也不可见。乌龟、甲鱼是爬行动物，偶尔可见它们把尖尖的头露出水面呼吸。一些大小虾子，依附在尾巴似的水草上，土话形象地称之为“虾依草”。小孩子调皮，若拉起一根几尺长的虾依草，总会带起几只活蹦乱跳的虾子到岸上。小孩子不忍心，把它们轻轻捏起来，又放回到小河里。

天暖了，小河水温日渐升高，水中水面各种植物次第丰茂。先是河草葳蕤，水中的藤萝丝滑碧绿，似发亮的绸缎在缓缓抖动，水面的浮萍挺拔青翠，如宝石闪光。接着，藕茎偷偷从水中伸出来，撑开星星点点的绿丝伞，圆圆的，迎着微风摇曳，在水上面跳起舞蹈。又过些天，这些伞呼啦啦一片，撑满河面，遮住了清水。满眼的绿色流动，顾盼流连。荷花顺时盛开，白色的纯洁，黄色的庄重，粉色的美丽，红色的热烈……满河生辉。

立秋前，雨带逐步北移，江南酷热和少雨的时节便到了。“秋老虎”发威，还要让人们在汗流浃背中煎熬一段时日，而干旱更是家常便饭。十天下一次雨，还算是老天“开恩”，往往半个月，甚至更长时间都难得有雨光顾。土路成了“灰路”，园里的菜蔫了叶，无精打采，灰不溜秋。大片原野一派碧绿，插在田里的晚稻秧苗，正在高温中蓬勃生长，但如果缺水，秧苗就不会分蘖或分蘖很少，而在含苞灌浆时，会因缺水形成很多秕谷。这些致命因素，是晚稻减产的主要原因之一。这时候，上游的母亲——水库，绝不会袖手旁观，会适时敞开闸门，大股清流顺着小河倾泻下来，日日夜夜，汩汩流进一望无际的绿地之中……田畴更加苍翠欲滴。

还有一些地势稍高、更高的田块，水流不能直接到达。在没有抽水机的年代，人们就架起水车，用人力把水送到需要的地方。水车分为两种——手车，脚车。手车用起来较方便，它的车筒要短些、小些，一般用在坡度不大的地方。一头放到水中，一头放在要水的田埂上，稳定后，两个车水人，一人拿一只木车手，放进水车的辘轳柄上，用力摇起来，白花花的水，就被不断前进的木刨子带上来，源源不断地流到田里。脚车的车筒更长，又大些，在比较陡峭的地方，用它最好，但架车颇费些时间。车筒一端放到水中，一端放在岸上并固定好，又将两个架子放在两边，架子上面有一根横木，供车水人扶着，稳定身体，架子前离地面一尺多高的地方，安上一根碗口粗、两米多长的大辘轳，它的上面有八只踏脚，供四个车水人使用。脚车车水是个力气活，要用壮劳力，男女不限。爬上座板坐好后，脚就很少停下，从容不迫地踏着辘轳转动，大股的水便从低出提上来。高处的田块，用一架水车，水还是到不了，人们就用两架，甚至三架水车，接龙把水送上去，保证粮食丰收。

入冬时节，几场北风袭来，几阵冷雨洒下，河岸上柳树们黄了叶子，逐渐凋零，水中那些荷叶、青藤、绿草全部改变了颜色，从浅褐乃至枯萎。这时候，小河里的水变得更加清冽，像擦得干净的镜子，水流也比原先少了许多，有时甚至成为小河沟，大片大片的河床裸露在外，淤泥地就成为鸟儿们的天堂。小河在冬季沉默着，看北风呼啦啦抖动草茎，听雪花扑簌簌撒落原野，大地披上洁白的衣裳。雪落下来，贮存水分，杀死害虫。难怪农民们都会高兴地说：冬季麦盖三层被，来年枕着馍头睡。霜重见晴天，瑞雪兆丰年。雪大，真好啊！待到冬去春来，冰雪消融，桃红柳绿，大地又会充满无限生机。

小河啊，你在我心中重又丰盈、活泼、快乐，唱着一支永不停歇的歌！

（原载于《柴桑》2023年下半年刊）

九、当代才俊

狮子，钟灵毓秀，人杰地灵，代出俊彦。特别在恢复高考之后，国逢盛世，文风蔚起。一个个家乡优秀儿女怀着报效祖国、造福人民的赤子之心，通过自己的刻苦努力，不断进取，勇攀高峰，争创一流，在各自的岗位上成绩卓著，不仅在民族振兴、国家强盛的伟大事业中献出了聪明与才智，也成为家乡人民的骄傲与自豪。

狮子街道才俊选录

姓名	村组	出生年月	现工作单位	职务 / 职称 / 学历
黄良松	鸡岭村	1957.11	江西省光彩扶贫基金会	原秘书长
王勇	鸡岭村	1962.7	柴桑区志警协会	柴桑区公安局退休干部、志警协会会长
王事建	鸡岭村	1966.1	柴桑区市场监督管理局	三级调研员、原市人大代表、局长
王品杰	鸡岭村	1967.12	东莞市三恩照明实业有限公司	九江市工商联副主席、九江市东莞商会会长
王经忠	鸡岭村	1968.4	九江学院	副教授、硕士
赵晓	鸡岭村	1973.4	中国农业银行江西省分行	信用卡中心资深专员兼客户经营部 / 消费信贷部经理
费伦梅	鸡岭村	1973.12	浙江省玉环市第二人民医院	书记兼院长、硕士
费海伦	鸡岭村	1974.4	中国航天科工集团	第二研究院部长
许平	鸡岭村	1979.2	国务院办公厅	某局副主任
黄良荒	鸡岭村	1979.8	中央军委政治工作部宣传局	某处处长、副师、大校
费杰能	鸡岭村	1981.1	中国电信天翼安全科技有限公司	采购部副总经理、硕士
王偲	鸡岭村	1983.8	深圳市汇顶科技股份有限公司	硕士
黄予	鸡岭村	1983.8	九江市委组织部	市委党员教育中心主任
王海彬	鸡岭村	1984.8	国家某保密部门	硕士
费海彬	鸡岭村	1986.12	九江市第一人民医院	硕士
王欢欢	鸡岭村	1990.3	天津市滨海新区人民政府	区政府办公室、硕士
王灿	鸡岭村	1993.10	北京电子科技职业学院	硕士
李焙	鸡岭村	2000.1	中国传媒大学	在读硕士
黄家国	煤山村	1945.10	九江县二轻局	原局长
王锦	煤山村	1986.6	北京丰益肛肠医院	主治医师、硕士

续表

姓名	村组	出生年月	现工作单位	职务 / 职称 / 学历
李龙珠	煤山村	1998.1	南昌大学江西医学院	在读硕士
黄泰	煤山村	1999.7	佳思德科技有限公司	嵌入式开发工程师
王海洋	煤山村	2000.2	江苏大学	在读硕士
熊帅	煤山村	2000.3	江西南昌大学	在读硕士
干学文	三桥村	1944.11	九江市公安局水上分局	原副局长
罗克清	三桥村	1966.5	江西省农业农村产业发展服务中心综合处	处长
干崇生	三桥村	1966.8	柴桑区公安局交管大队	三级高级警长、原大队长
高兴全	三桥村	1968.2	江西广播电视台综治办	主任
干从友	三桥村	1968.8	九江市公安局机动支队	副支队长
胡敏	三桥村	1970.9	江西师范大学	讲师、硕士
干从方	三桥村	1972.8	江西省高速交警二支队	副支队长
孟治煌	三桥村	1973.2	中国电信中部云计算大数据中心	主任
熊杰	三桥村	1974.8	深圳市中杰鑫塑胶有限公司	总经理
胡斌	三桥村	1976.10	南通大学中文系	教授、硕士
高兴柏	三桥村	1985.6	瑞昌市洪一乡	乡长
胡涛	三桥村	1987.12	江西腾飞标准有限公司	总经理
胡亚慧	三桥村	1997.2	九江市图书馆	硕士
李楠	三桥村	1997.2	江西财经大学	学校辅导员、硕士
魏任寒	三桥村	1998.11	北京经纬恒润科技股份有限公司	机械工程师、硕士
魏雄	三桥村	1999.7	深圳比亚迪（坑梓）弗迪动力	高级软件工程师、硕士
吴凡	三桥村	2000.7	华中农业大学	在读硕士
王玮	住岭社区	1965.1	火箭军指挥学院	副院长、少将、硕士
黄良楼	住岭社区	1966.11	柴桑区政协	原委办主任
娄少之	住岭社区	1970.5	中国南通海关	处长、硕士
娄琦	住岭社区	1971.3	九江市工信局	书记、局长

续表

姓名	村组	出生年月	现工作单位	职务 / 职称 / 学历
罗亨江	住岭社区	1973.1	江西工业技术学院	党委书记、教授、硕士
李木兰	住岭社区	1973.12	江西省林业局	计财处处长、硕士
肖远文	住岭社区	1978.10	国家石油天然气管网集团有限公司	硕士
干思权	住岭社区	1980.4	中冶京诚工程技术有限公司	硕士
董银华	住岭社区	1981.2	广西中医药大学	副教授、硕士
黄河	住岭社区	1985.8	新加坡交通部	高级工程师、博士后
梁雨锋	住岭社区	1986.5	山东大学	教授、博士
王新峰	住岭社区	1986.11	吉首大学	大学教师、博士
娄辉	住岭社区	1988.4	自由职业	硕士
李珊珊	住岭社区	1988.5	深圳市大族激光科技股份有限公司	高级工程师、硕士
董莎莎	住岭社区	1995.8	广州视源电子有限公司	硕士
干英豪	住岭社区	1997.12	浙江省电子研究中心	博士
罗鑫	住岭社区	1998.10	高盟新材料股份有限公司	硕士
干夏	住岭社区	1998.11	华育小学	硕士
干秀英	住岭社区	1999.7	西安理工大学	在读硕士
李宇	住岭社区	1999.8	北京邮电大学	在读硕士
王钊	住岭社区	2000.4	上海携程国际旅行社有限公司	硕士
李昌荣	朗山村	1961.9	南昌大学	教授
罗运锋	朗山村	1968.2	江西省教育厅综合处	副处长
黄良杰	朗山村	1968.11	河南牧业经济学院	副校长、博士
罗运阔	朗山村	1973.5	江西农业大学国土资源与环境学院	副教授、博士
苏友宏	朗山村	1974.1	柴桑区政协	副主席
刘光胜	朗山村	1975.9	柴桑区人民医院	院长
苏建中	朗山村	1977.6	省委信访局综合处	处长
朱相鹏	朗山村	1977.7	上海交辉企业管理咨询有限公司	总经理、高级工程师、硕士

续表

姓名	村组	出生年月	现工作单位	职务 / 职称 / 学历
苏晓亮	朗山村	1979.8	武汉第二船舶研究设计所	高级工程师
苏美霞	朗山村	1981.7	浔阳区科技局	副局长
李洪亮	朗山村	1989.11	新合镇政府	镇长
刘沛	朗山村	1990.8	江西建工第一建筑有限责任公司	工程师
苏鹏霁	朗山村	1991.9	广西壮族自治区乡村振兴局	一级主任科员
罗定慧	朗山村	1991.9	湖北省武汉武昌区基准方中建筑设计有限公司	工程师、硕士
刘磊	朗山村	1992.4	中铝郑州有色金属研究院有限公司	硕士
刘翊	朗山村	1992.8	京东达达集团	硕士
李佳	朗山村	1993.4	范德堡大学	在读博士后
陈瑞	朗山村	1993.10	九江市第一人民医院	医师、硕士
刘巍	朗山村	1993.11	九江学院附属医院	医师、硕士
苏秋芬	朗山村	1998.6	江西财经大学	硕士
罗藏	牌楼村	1932.1	哈尔滨飞机制造研究所	教授、高级工程师、硕士
徐增扬	牌楼村	1936.7	中共九江市委党校	副教授
罗哲	牌楼村	1937.9	中国通用机械研究所（第一机械工业部）	教授、高级工程师、博士
帅世炎	牌楼村	1947.1	柴桑区税务局	原办公室主任
罗德余	牌楼村	1950.9	江西省煤矿建设公司	原机电科科长、高级工程师
罗秋萝	牌楼村	1957.6	江苏师范大学（原徐州师大）	教授
高云	牌楼村	1962.1	九江市柴桑区职业技术学院	硕士
帅长毅	牌楼村	1962.1	山西太原钢铁公司	原纪委书记
李沛武	牌楼村	1963.4	南昌工程学院	教授、博士
罗微子	牌楼村	1963.8	侨居法国	博士
高平	牌楼村	1963.9	华南理工大学	博导、教授、博士
刘桂兰	牌楼村	1964.5	南昌工程学院外国语学院	院长、教授、硕士
罗余生	牌楼村	1964.5	九江学院附属医院	教授、硕士

续表

姓名	村组	出生年月	现工作单位	职务 / 职称 / 学历
徐伟	牌楼村	1964.7	广州大学物理与电子工程学院	教授、博士
高柏	牌楼村	1964.9	华东理工大学水资源与环境工程学院	院长、博导、教授、博士
李沛鸿	牌楼村	1964.11	江西理工大学	硕导、教授、硕士
徐文	牌楼村	1967.10	九江市市场监督管理局	副局长
罗其相	牌楼村	1968.8	柴桑区公安局	原副政委、四级高级警长
黄晓林	牌楼村	1968.8	江西省南昌监狱	监狱长
黄支平	牌楼村	1969.1	九江市柴桑区人民代表大会常务委员会	原委办主任
曾向辉	牌楼村	1972.8	江西省女子监狱	监狱长
李彬	牌楼村	1973.1	中国香港新华资产有限公司	硕士
张华凤	牌楼村	1973.8	中国科技大学	博导、教授、博士
罗明新	牌楼村	1975.3	北京镕锶科技有限公司	硕士
帅晓艳	牌楼村	1976.9	中国城市建筑设计院	高级工程师、硕士
黄美丽	牌楼村	1977.4	江西赣江招商发展集团	副总经理、硕士
徐勇	牌楼村	1977.11	上海新帑实业有限公司	股东
帅高良	牌楼村	1979.1	九江巧房通云技术有限公司	硕士
陈敏	牌楼村	1980.12	河北秦皇岛航运公司	高级工程师
付倩	牌楼村	1981.12	中国人寿保险总公司	硕士
郭爽	牌楼村	1983.5	北京京东方科技集团有限公司	高级工程师、硕士
徐飞	牌楼村	1983.7	中国科学院电工研究所	所长、副教授、硕导、博士
李磊	牌楼村	1983.9	中国微软分公司	总经理、高级工程师、硕士
罗凡	牌楼村	1983.9	江西省信丰县、于都县邮政公司	总经理、硕士
帅长忠	牌楼村	1984.1	中国电信无锡市江阴公司	硕士
徐海霞	牌楼村	1984.8	景德镇陶瓷大学纪委	硕士
魏白莲	牌楼村	1985.6	中国移动无锡市公司	硕士
罗炉林	牌楼村	1985.11	重庆市设计院	博士

续表

姓名	村组	出生年月	现工作单位	职务 / 职称 / 学历
李乐	牌楼村	1986.2	苏州大学儿童医院	研究员、博士
曾令清	牌楼村	1986.7	浙江华海药业股份有限公司	硕士
黄燕	牌楼村	1988.1	武汉市第三人民医院	副主治医师、硕士
徐芳泉	牌楼村	1988.8	国家电网九江供电公司	硕士
帅婕	牌楼村	1988.11	中国文旅时尚集团董事会	硕士
干从凤	牌楼村	1988.11	西藏自治区山南市加查县洛林乡人民政府	书记
李瑞	牌楼村	1989.1	中国日丰分公司	总经理、高级工程师、硕士
黄亚芳	牌楼村	1989.1	上海市松江区九亭学校	硕士
李婷婷	牌楼村	1989.7	九江市德安县第一中学	硕士
李诗琪	牌楼村	1990.12	江西师范大学	博士
徐达	牌楼村	1991.2	澳大利亚皇家理工大学	博士
陈静	牌楼村	1991.2	中国葛洲坝建筑公司	硕士
赵源	牌楼村	1992.5	苏州大学应用技术学院	硕士
李奇	牌楼村	1992.7	深圳市宝鹰建设集团	硕士
郑洁	牌楼村	1993.1	苏州市社保局基金科	硕士
罗姗	牌楼村	1993.1	中国邮政银行行政部	硕士
徐佳丽	牌楼村	1993.5	江西省审计厅金融审计处	三级主管
高斯曼	牌楼村	1994.4	宜明昂科生物医药技术有限公司（上海）	硕士
李银	牌楼村	1996.2	中国中兴通讯公司	硕士
高林	牌楼村	1996.5	武汉市中南建筑设计院	硕士
朱子嫣	牌楼村	1996.5	湖北交投总部	硕士
徐镇	牌楼村	1998.2	长江存储科技有限公司	硕士
罗无价	牌楼村	1998.8	景德镇陶瓷大学	在读硕士
黄子璐	牌楼村	1998.8	澳大利亚墨尔本大学	硕士
李为国	牌楼村	1998.12	中国航天科工集团第四研究院	硕士

续表

姓名	村组	出生年月	现工作单位	职务 / 职称 / 学历
罗子扬	牌楼村	1999.2	清华大学	在读硕士
黄宗瀚	牌楼村	1999.3	中国科学院大学	科研助理、硕士
黄亚丽	牌楼村	1999.8	中国外贸总公司上海分公司	硕士
高梓璇	牌楼村	2000.1	美国哥伦比亚大学	在读硕士
帅兰	牌楼村	2000.4	东华大学	在读硕士
李响	牌楼村	2000.8	武汉理工大学	在读硕士
徐子超	牌楼村	2000.9	海军军医大学	在读硕士
杨神记	牌楼村	2000.11	南昌大学	在读硕士
陈国庆	牌楼村	2001.1	南昌大学	在读硕士
张萍	龙岗村	1962.10	江西省公安厅	二级警务专员
刘安炉	龙岗村	1964.1	九江市委党校	二级调研员
张光桥	龙岗村	1972.1	江西省驻上海办事处	副处长
张勇	龙岗村	1973.6	九江市公安局经侦支队	副支队长
李云飞	龙岗村	1975.8	云南边防总队某支队	支队长
何中锋	龙岗村	1977.5	九江学院	教研室主任、硕士
张东平	龙岗村	1977.11	柴桑区委组织部	常务副部长
杨飞	龙岗村	1979.1	自主创业	经济师、硕士
朱国辉	蔡桥 1 组	1979.8	江西师范大学	人事处科长、讲师、硕士
熊拯	龙岗村	1981.8	北部湾大学国有资产与实验室	管理处处长、教授、硕士
夏明干	龙岗村	1984.3	中化学城市建设有限公司	高级工程师、硕士
桂燕	龙岗村	1984.5	南昌理工学院	讲师、硕士
刘昳	龙岗村	1985.9	柴桑区新塘乡	党委书记
杨显超	龙岗村	1985.11	上海市动物疫病预防控制中心	血清室主任、硕士
熊雄	龙岗村	1988.6	南京工业大学	副教授、博士生
熊伦	龙岗村	1990.5	歌礼药业（浙江）有限公司	原料药负责人、硕士

续表

姓名	村组	出生年月	现工作单位	职务 / 职称 / 学历
张彬	龙岗村	1990.6	广州中医药大学附属中山中医院	主治医师、硕士
熊亚男	龙岗村	1991.1	招商证券股份有限公司	工程师、硕士
张佩	龙岗村	1991.9	南昌市人民医院	主治医师、硕士
陈珊	龙岗村	1993.5	江西省九江市第三人民医院	主管护师、硕士
肖东	龙岗村	1993.11	阿里巴巴公司	高级软件工程师、硕士
韦康	龙岗村	1995.6	江西省交通设计研究院有限责任公司	工程师、硕士
韦晔	龙岗村	1995.6	九江职业技术学院	助教、硕士
张剑	龙岗村	1995.11	江西科技学院	教师、硕士
吴周鑫	龙岗村	1996.6	江西省南昌市新建区发展和改革委员会	八级职员、硕士
熊中朴	龙岗村	1996.8	广州五所环境仪器有限公司	工程师、硕士
陈鑫	龙岗村	1997.3	华润医药研究院（深圳）有限公司	硕士
吴倩	龙岗村	1999.2	都昌县人民医院	医士、硕士
闫涉	龙岗村	1999.6	华中科技大学	在读硕士
陈学海	龙岗村	1999.8	上海航天控制技术研究所	总设计师、博士
韦海文	龙岗村	1999.10	浙江石油化工有限公司	工程师、硕士
吴青	龙岗村	2000.6	东北大学	在读博士
周楠	龙岗村	2001.5	山东大学	在读硕士
闫芊芊	龙岗村	2002.12	贵州财经大学	在读硕士
余茂钧	仲山村	1935.12	九江市人大	原九江市人大法制委调研员
彭易虎	仲山村	1963.6	九江市工业和信息化局	二级调研员
施浩	仲山村	1966.5	深圳市电子装备产业协会	会长
洪守恩	仲山村	1968.3	江西鼎豪实业有限公司	总经理
罗建龙	仲山村	1968.10	兰州市装修行业商会	会长
余红霞	仲山村	1970.1	柴桑区人民医院	党委书记
罗其月	仲山村	1970.10	柴桑区人大常委会	原委办主任

续表

姓名	村组	出生年月	现工作单位	职务 / 职称 / 学历
谢远宏	仲山村	1970.11	九江市自然资源局	党委委员、副局长
洪胜武	仲山村	1971.6	柴桑区文联	文联主席
罗克莉	仲山村	1973.3	中信湘雅生殖与遗传专科医院（原中南大学湘雅医学院不孕与遗传专科医院）生殖医学中心	主治医师、博士
余成振	仲山村	1979.7	民建江西省委员会参政议政部	部长
罗敏	仲山村	1981.1	杭州秀哲服饰有限公司	总经理
邹晖	仲山村	1982.12	上海心炎网络科技有限公司	高级软件工程师、硕士
邹明日	仲山村	1985.9	贵州振华群英电器有限公司国营第八九一厂	副部长
邹鹏	仲山村	1986.11	日本岛大机械株式会社	机械研发工程师、硕士
洪秀成	仲山村	1988.1	九江市第七中学	教师、硕士
洪俊雄	仲山村	1988.8	微芯商贸（上海）有限公司	高级工程师、硕士
罗克灿	仲山村	1988.10	上海中科新生物科技有限公司	生物研发工程师、硕士
洪丽莉	仲山村	1989.11	上海交通大学医学院附属仁济医院	博士
邹夕珍	仲山村	1991.12	杭州吉利集团	综合商业部部长、硕士
余桂娟	仲山村	1993.3	集美大学	博士
彭磊	仲山村	1993.7	深圳市速腾聚创公司	软件开发工程师、硕士
洪绍文	仲山村	1993.10	广州容柏生建筑结构设计事务所	结构助理工程师、硕士
洪文强	仲山村	1994.12	上海市静安区中医医院	硕士
洪钢	仲山村	1995.7	指南针科技发展股份有限公司	运维工程师、硕士
洪绍应	仲山村	1995.8	浙江核新同花顺网络信息股份有限公司	产品运营主管、硕士
余桂芳	仲山村	1996.6	比亚迪汽车工业有限公司	硬件工程师、硕士
罗宇航	仲山村	1999.2	北京搜狐畅游	前端研发工程师、硕士
罗润鼎	仲山村	2000.6	复旦大学	在读硕士
罗楚欣	仲山村	2000.12	中国农业大学	在读硕士

后 记

2023年8月，在《柴桑人·狮子专刊》出版总结会当天，狮子街道党工委洪忠汉书记专门说到街道准备编一本书的想法，把狮子街道的风土人情、旅游景点、红色故事、历史名人、传说典故等收集整理出一本人文方面的书，一方面把口口相传的典故核实形成文字，一方面挖掘不为人知的人文素材。提议邀请有写作方面特长的狮子籍的前辈老师组成编撰团队，街道安排人员全力配合。这是对加强狮子文化建设非常有意义的一项工作，既符合区委区政府“文旅旺区”的部署，又能推介狮子，可谓一举多得。对从小听着清修寺、义门坊、九老爷、住刀岭等故事、传说长大的我来说，编这样一本书，更有一份特殊的情感。为家乡做事，大家都觉得应该尽一份力，于是刘为珍、罗克岩、施元华三位老师，住岭村李明珍、牌楼村徐增裕两位村干部，欣然应邀，加上街道余咏、刘恒等一起组成了编撰团队。11月初，各自忙完手中的事情，在街道会议室，洪忠汉书记组织召开了专门会议，街道主任姚琼、副书记李仁鹏、余咏、杨婷等，参加了会议，经过集思广益、充分讨论，初步确定书名为《狮子街道人文》、章节目录，以及拟录入的内容，并专门编发了《狮子街道人文》征稿订阅号，将资料搜集、查阅档案、文字写作等工作分工安排、落实到人。尽管团队的每一位成员都想编出一本可读性强又能给读者带来收获的好书，但由于能力水平有限，且涉及内容多、时间跨度长、篇幅有限、可以查证的资料少等原因，难免存在遗漏、瑕疵，敬请各位读者批评指正。

由于成书时间仓促，选录了《江西省九江县地名志》《九江县志》《秀美狮子》（狮子小学校本教材）相关章节中的文章和图片作品，在《狮子街道人文》即将付印出版之际，对关心支持狮子街道经济社会发展的各级领导、社会各界人士表示衷心的感谢！对选录入书文稿的编辑、作者，对为本书编撰提供素材、稿件等劳心劳力的所有参与者一并表示诚挚的谢意！

《狮子街道人文》编纂委员会（罗其相代笔）

2023 年 12 月 8 日